Johannes Allgäuer

Kochen und backen ohne Strom

Mit detaillierten und bebilderten Bauanleitungen für verschiedene Öfen

sowie weiteren Hilfen, Überlebenstipps und zahlreichen einfachen und vielfach von uns erprobten Rezepten zum Kochen und Backen ohne Strom

Impressum:

© 2025 Johannes Allgäuer

Verlag: BoD · Books on Demand GmbH, Überseering 33,

22297 Hamburg, bod@bod.de

Druck: Libri Plureos GmbH, Friedensallee 273, 22763 Hamburg

1. Auflage 2025

ISBN Nr. 978-3-7693-7610-4

Vorwort:

Liebe Leser, ich wurde mehrfach gebeten, mein Wissen, was das autarke Leben betrifft, einmal in einfachen Worten und mit entsprechender Bebilderung in ein Buch zu packen, wobei das Hauptaugenmerk auf Kochen ohne Strom liegen soll. Da ich schon über 20 Jahre auf diesem Gebiet tüftelte und wir auch schon sehr harte Winter diesbezüglich hatten, wo die Wasserleitungen einige Monate lang eingefroren waren und regelmäßig der Strom ausfiel, bin ich unfreiwilligermaßen auf dem Gebiet ein Experte geworden. Ich gehe in diesem Buch nicht auf panikmachende Dinge ein, sondern erkläre auf einfache Art und Weise, was ihr für verschiedene Möglichkeiten habt, in gewisser Weise zumindest teilweise autark zu sein.

Einige Leser meiner anderen Bücher kennen bereits Situationen, wo ich, in Romanform, schon Ausnahmezustände beschrieben habe. Hier geht es jedoch rein um Möglichkeiten und Techniken, Stromausfälle zu kompensieren bzw. das Leben auch ohne Strom lebenswert zu gestalten.

Viel Freude beim Lesen und Nachbauen bzw. Nachempfinden der gezeigten Möglichkeiten.

Alles Liebe, Johannes

Inhaltsangabe

Einfache „Öfen" selbstgebaut (Marke Eigenbau):

Da ich ja schon einen Großteil meines Lebens Camper bin, habe ich mir schon sehr früh darüber Gedanken gemacht, wie man in Notsituationen oder in Zeiten, wo der Geldbeutel recht leer war,

trotzdem kochen kann, ohne teure Gaskocher zu verwenden. Ich meine damit auch die Zeit in meiner Jugend, wo wir natürlich regelmäßig zelten gegangen sind. Heutzutage sagt man ja überwiegend campen dazu.

Sehr inspiriert hat mich zusätzlich seit den 80er Jahren -natürlich wie viele andere auch - die Serie „Mac Gyver". Ich hatte seitdem immer auch verschiedene Möglichkeiten im Kopf, quasi eine Art „Plan B", „C" etc.

In den 70er Jahren hatten wir beim Zelten immer einen Hammer dabei, um die Häringe (so schrieb man es früher) in die Erde zu schlagen, eine Kombizange, Essbesteck, Kerzen, Konserven, ein Feuerzeug bzw. Streichhölzer und einen Werkzeugkoffer.

Hier seht ihr, wie ich meine ersten „Öfen" gebaut habe:
Ich habe eine stabile Konservendose fachgerecht geöffnet und auf die Dose ein rundes Metallgitter gelegt. In späteren Zeiten haben wir, wie „Mac Gyver" mit dem Schweizer Taschenmesser Löcher unterhalb der oberen Öffnung gebohrt, damit es besser kochen konnte. Unten wurde ein Loch in die Seite hineingeschnitten mit der Blechschere, die wir auch immer dabei hatten und dort wurde kleines Holz

hineingetan, oder auch Tannenzapfen. Später hatten wir dann auch Grillanzünder oder diese Ökoteile dabei, mit denen man heutzutage im Ofen das Holz anzündet. Bevor ihr jedoch Feuer macht, sollte ein feuerfester Untergrund da sein. Wir haben immer Steine genommen

und den „Ofen" so platziert, dass es weit genug von allem entfernt war, was brennen könnte bei Funkenflug. Auch Wasser zum Löschen für Notfälle stand immer bereit.

Jetzt wurde das kleine Holz oder auch die Zapfen entzündet und es brannte meistens sehr schnell. Ein Topf oder eine Pfanne kam dann oben drauf und wurde mit dem bestückt, was wir essen wollten. Einige von uns hatten entweder genügend Anfeuermaterial mitgebracht oder es wurde vor Ort gesucht. Die Bilder sind leider nur in s/w, da sonst die Druckkosten ins Unermessliche steigen würden. Aber ich denke, man kann trotzdem genug erkennen.

Hier seht ihr eine noch einfachere Methode, wie ihr kochen könnt. Ich habe mit dem Akkuschrauber unter der geöffneten oberen Kante der Blechdose (deren Inhalt vorher in einen Topf oder eine Pfanne kam) ringsum Löcher gebohrt, damit das Feuer genug Luft bekommt und nicht ausgeht. Ansonsten genauso wie bei der vorherigen Erklärung.

Die nächste einfache Möglichkeit ist auch aus der Not heraus geboren worden, denn wir waren unterwegs und jemand hatte diesen „Kohlenanzünder" dabei. Ich weiß gar nicht, wie das gute Stück richtig heißt. Man kann damit aber nicht nur Kohlen für den Grill anzünden, sondern ihn auch mit kleinem Holz bestücken und dann als „Ofen" benützen. Das oben aufliegende Gitterrost war auch vor Ort vorhanden und schon konnten wir uns was Leckeres zum Essen kochen. Luft bekommt das gute Stück ja genug durch die vielen Löcher.

Der einzige Nachteil hierbei ist, dass ihr ggf. von oben, also durch kurzzeitiges Anheben des Topfes oder der Pfanne und des Gitterrostes, Holz nachfüllen müsst, wenn es nicht reicht. Hier sind Topflappen ganz sicher von Vorteil.

Selbst riesige Töpfe mit Eintopf beispielsweise kann man auf diese Weise kochen. Zwischendurch den Deckel heben und nach dem Rechten schauen und ggf. nachwürzen ist ja wohl obligatorisch.

Ihr werdet feststellen, dass es große Freude bringt, in der Gemeinschaft zusammen zu grillen oder zu kochen. Gerade ohne Strom ist der Zusammenhalt oftmals viel größer und intensiver.

Ich werde am Ende des Buches noch einige oftmals ausprobierte und einfache Rezepte euch mitteilen, die leicht nachempfunden werden können – ohne gut kochen zu können.

Auf diesem Foto habe ich mal kurz festgehalten, wie heiß das Feuer in kürzester Zeit in so einem „selbstgebauten Ofen" werden kann. 300 Grad ist extrem heiß, deshalb immer Obacht geben, wenn ihr in Notsituationen so kocht. Wir empfehlen, dass der Untergrund wie gesagt, feuerfest ist und empfehlen einen Stein- oder Betonfußboden und drumherum nichts Brennbares sein sollte und immer Wasser zum Löschen vorhanden ist.

Ich habe schon des Öfteren auf diese Art und Weise gekocht und musste erkennen, dass die Speisen recht schnell gar waren.

Kommen wir jetzt zu interessanten Teilen in verschiedenen Läden: Dort gibt es aus Edelstahl, denke ich, solche Teile, wo eigentlich das

Besteck hinein sollte. Ich habe es als Ofen zweckentfremdet.

Diese Teile aus Edelstahl habt ihr vielleicht sogar Zuhause stehen. Sie eignen sich wunderbar zum Kochen!

Kommen wir zur vorhin gezeigten Blechdose zurück. Ihr könnt auch ein Kuchenblech mit höherem Rand nehmen, wie ihr links sehen könnt. Dort könnt ihr dann auch eine Pfanne beispielsweise reinstellen zum Abbraten. Und damit ihr seht, dass das auch sehr schnell

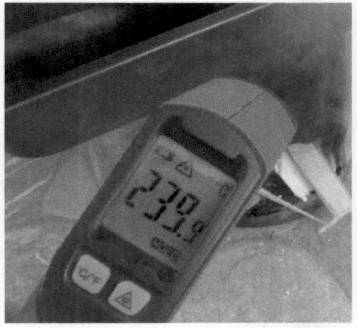

heiß werden kann, zeige ich euch jetzt die Temperatur dazu, die ich nach kurzer Zeit messen konnte.
239 Grad ist doch wirklich wunderbar zum Kochen oder Abbraten, gell?

Kommen wir jetzt zu einem für viele vielleicht komplizierterem Bau eines Ofens, der aber in Wirklichkeit total einfach von statten geht und dabei braucht ihr wirklich nichts anderes als Steine, die vielleicht noch irgendwo rumliegen oder für kleines Geld im Baumarkt gekauft werden können.

Ich gebe euch hier genaue „Bauanleitungen" wie ihr solche Öfen in wenigen Minuten selber bauen könnt:

Öfen bauen aus Stein – ohne Vorkenntnisse nur durch richtiges Aufstellen und zusammenfügen:

Auf dem ersten Bild hier seht ihr, wie einfach es ist, diesen Ofen zu bauen. Ihr benötigt 16 Steine (gibt es in Baumärkten). Sie sind rot.
<-

Auf dem zweiten Bild sind weitere 2 Steine vor die Luke gestellt, durch die ihr Holz nachfüllen könnt.   ->

<-   Jetzt kommt Bild Nr.3 dazu: Ihr benötigt lediglich ein Rost, dass ihr über die Öffnung legt, aus der das Feuer kommt.

10

Und auf das ihr dann den Topf und die Pfanne stellen könnt. (Bild Nr.4) ->

Ihr seht, es ist ganz einfach, einen simplen Ofen zu bauen.

Hier ein optisch ansprechender Ofen mit wenigen Steinen.
Auf den nächsten 4 Bildern seht ihr, wie einfach es geht.

Die beiden obersten Steine auf dem vierten Bild sind 2 Schamottsteine. Hab alles in einem Baumarkt für kleines Geld bekommen.

Wie ihr seht, ist es ganz einfach, einen auch optisch ansprechenden Ofen in kurzer Zeit mit wenigen Steinen aus dem Baumarkt zu erstellen.

 Sollte euch der Ofen nicht mehr gefallen oder wollt ihr ihn an anderer Stelle wieder aufbauen...Kein Problem!
Ist in wenigen Minuten erledigt!

Der nächste Ofen entstand aus der Not heraus. Wo wir früher wohnten, lagen überall Steinreste rum und daraus hab ich dann folgenden Ofen in recht kurzer Zeit gebaut:
Ich brauche da gar nicht viel zu erklären, die Bilder sprechen für sich...

So, nach diesem recht einfach zu bauenden Ofen, kommt jetzt zwei Öfen, die außergewöhnlich aussehen und aus großen Steinen bestehen.

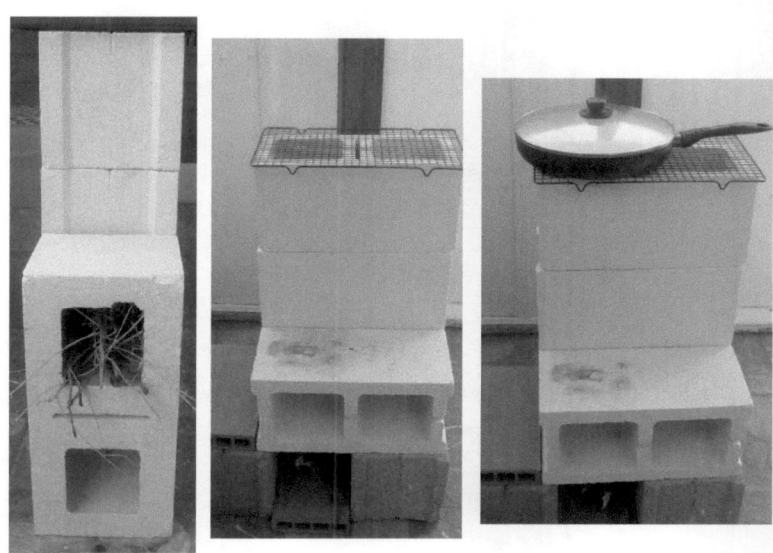

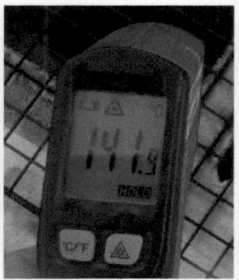

Das waren jetzt meine gebastelten Öfen aus den letzten 10 Jahren...

Ich zeige euch jetzt meinen aktuellen Ofen, den ich erst vor kurzem gebaut habe.

Dieses Mal habe ich nur 2 Bilder dazu gemacht, denn diese sprechen für sich. Dieser Ofen ist ideal und einfach zu bauen.

Das waren meine selbstgebauten Öfen mit reichlicher Bebilderung zum Nachbauen, wenn ihr es möchtet.

Jetzt kommen herkömmliche Öfen mit kurzer Erklärung und jeweils einem Foto dazu:

Dieser Gaskartuschen Kocher ist sehr praktisch auch zum Mitnehmen. Ich habe ihn vor „C" im Baumarkt für unter 20 Euro gekauft und die Kartuschen dazu bei E**y in großen Mengen. 100 Kartuschen gab es umgerechnet für weniger als 1 Euro pro Kartusche. Auf Reisen haben wir ihn immer dabei. Der Kocher hat einen Koffer dabei, wo er gut geschützt transportiert werden kann. Außerdem ist er mit einer Vorrichtung ausgestattet, dass er eine Selbstzündung dabei hat. Ich nehme immer eine Reservekartusche auf Reisen mit.

Dieser tragbare Gaskocher funktioniert mit einer 5 kg bzw. 11 kg Gasflasche aus Deutschland. Wer in Spanien beispielsweise Urlaub macht oder beispielsweise als Rentner den Winter auf einem der vielen Campingplätze verbringt, kann so einen Gaskocher gut verwenden. Es gibt auch Adapter für spanische Gasflaschen.

Dieser wunderbare Holzkohleofen namens „Bruno" steht in unserem
früheren Haus im Randgebiet des
Allgäus. Ich habe ihn etwas
modifiziert und Schamottsteine und
eine Tonplatte auf ihn gestellt, um
damit auch kochen zu können, wenn
der Ofen zum Heizen angefeuert war.
Er konnte leicht einen 200 m² großen
Raum erwärmen!!!

Hier seht ihr zwei verschiedene Typen
eines Einweggrills. Sie sind sehr praktisch und wer ein wenig
Feingefühl beim Öffnen des Drahtgeflechtes hat, kann die
verbrauchte Kohle gegen neue austauschen und den Einweggrill öfter
benutzen...

16

Dieses Kapitel endet mit der Erklärung zu diesem Bild. Dieser Grill mit integrierter
Kochmöglichkeit steht auf unserer Terrasse und wird sehr oft benutzt.

Ich habe vorne im Vorbau unseres Hauses, welcher getrennt vom Haus ist, mir eine „Campingküche" eingerichtet, wo ein weiterer Gasofen steht und darüber direkt ein Kippfenster, welches das ganze Jahr geöffnet ist. Gegenüber hab ich zwei Unterschränke und darüber eine genau eingepasste Arbeitsplatte, auf der ich nach Gusto arbeiten kann. Dort steht auch mein Pizzaofen, im Unterschrank dann noch diverse Gerätschaften, wie z.B. die Heißluft-Fritteuse. Mit Strom wird das alles durch den Ecoflow und drei großen Solarplatten. Im nächsten Kapitel gehe ich genauer darauf ein.

Ich liebe meine „Campingküche" und koche und backe fast nur noch dort, obwohl bei uns in der Küche ein großer mehrflammiger Gasherd mit integriertem Backofen steht. Aber als passionierter Camper liebe ich meine Freiheit in meiner „Campingküche"…

Meine „Campingküche" und die Solar / Ecoflow Möglichkeiten...

Hier geht's jetzt, wie eben erklärt, weiter...
Ich habe meine „Campingküche" nicht extra speziell aufgeräumt, sondern so gelassen, wie sie bei mir benutzt wird. Ordnung ja, aber nicht zu pingelig...

Hier seht ihr links meinen schon erwähnten Gasofen, wo unten die Gasflasche hineinkommt. Ein praktisches System in Spanien, wie ich finde. Der Ofen ist schon älter, tut aber trotzdem noch einwandfrei seine Dienste.

Rechts seht ihr die Pizzapfanne auf der Arbeitsplatte und darunter besagter „Ecoflow". Wir haben uns damals für dieses Gerät entschieden und sind super zufrieden. Es speichert über die drei großen Solarplatten draußen an der Hauswand den Strom, den es dann auf Abruf abgeben kann.

Auf dem nächsten Bild zeige ich euch noch den Rest der „Campingküche" und danach auch unsere drei großen Solarplatten, die so an der Hauswand stehen, dass sie viele Stunden der Sonne ausgesetzt sind.

Nicht nur in Krisenzeiten – Das Teelichtofenbrot (detailliert bebildert und erklärt)

Zuerst benötigt ihr einen großen Topf, der auf einer feuerfesten Unterlage stehen sollte. Wir haben ihn dann auf die Fliesen gestellt. In den Topf kommen knapp 10 Nägel. Da meine Glückszahl die Neun ist, habe ich eben 9 genommen...->

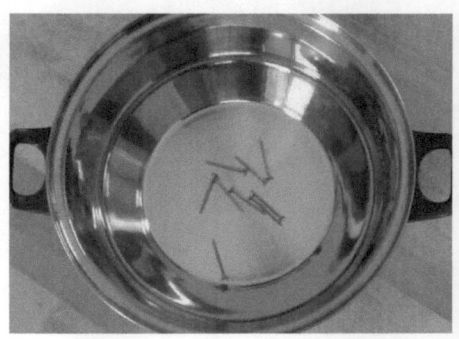

Jetzt kommt der Brotteig in einen kleineren Topf mit Metallgriffen oder komplett aus Metall, der in den großen komplett hineinpassen

muss. Der Topf ist von mir schon eingefettet worden, damit das Brot nicht anbackt. (siehe nächstes Bild)

Beim nächsten Bild seht ihr, wie der kleinere Topf in den großen Topf passt und dadurch, dass er auf den Schrauben steht, hat er keinen Kontakt zum größeren Topf und das Brot kann nicht anbrennen...

So, bevor jetzt der Deckel (am besten einen durchsichtigen Deckel

nehmen, damit ihr sehen könnt, wie weit euer Brot schon fertig ist) aufgesetzt wird, muss noch ein Liter Wasser mit in den Topf gegeben werden. Der Deckel sollte ein Luftloch haben, der dann die heiße Luft entweichen lassen kann.

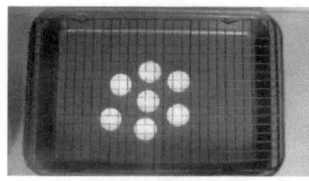

Hier seht ihr das Untergestell. Ich habe ein etwas kleineres Backblech genommen, dass dann auf mehreren Pflastersteinen gestellt wird (welche dann ihrerseits noch auf den Fliesen vom Boden stehen). Sozusagen doppelte Absicherung. Auf das Backblech kommen dann 7 Teelichter (in etwa so, wie ich sie angeordnet habe, damit sie ihre Hitze gleichmäßig unter dem großen Topf verteilen können. Dann werden die Teelichter entzündet und ein passender Gitterrost kommt auf das Backblech.

So, ich habe mich bemüht, euch genau zu zeigen, wie so ein leckeres Teelichtofenbrot entsteht.

Wie ihr sehen könnt, ist das Brot durch und hat super lecker geschmeckt.

Es dauert 4 Stunden und danach gehen die Teelichter automatisch aus.

Ich habe es schon diverse Male gebacken und es hat jedes Mal gut geklappt.

Es ist sinnvoll, es noch eine halbe Stunde oder so nachdem es fertig ist, abkühlen zu lassen.

Gerade in der „C"-Zeit in Spanien, wo man nicht immer raus durfte, wie man wollte, war das unser regelmäßiges frisches Brot...

21

Pizza mit dem Teelichtofen backen

Hier zeige ich euch, wie ihr recht einfach mit der Gugelhupf Kuchenbackform eine Pizza mit dem Teelichtofen backen könnt.

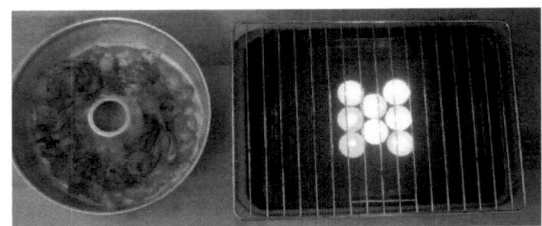

 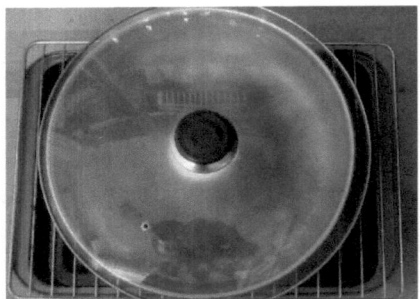

Selbst wenn es noch keine schlechten Zeiten sind, könnt ihr hier (z.B. auf dem Campingplatz) solch eine Pizza wunderbar und schnell selber machen!

Spaghetti und Makkaroni ohne Kochen herstellen – nur mit kochendem Wasser

Hier seht ihr die Technik dazu: Ein feuerfestes Glas, in welches die Spaghetti hineinpassen (ansonsten passend zurecht brechen), kochendes Wasser einfüllen und den passenden Deckel aufsetzen).

Nach etwa 12-15 Minuten sind die Spaghetti fertig! Gutes Gelingen beim Nachmachen!

Bevor ich jetzt zu den Makkaroni komme, möchte ich euch noch die Frage beantworten, wo ihr denn kochendes Wasser herbekommt.

Ihr braucht nur einen von meinen einfachen Öfen bauen, die ich euch am Anfang des Buches gezeigt habe.

Die Spaghetti sehen angerichtet auf dem Teller mit leckerer Soße aus dem Glas gut aus, gell? Die Soße braucht nicht erwärmt zu werden, da die heißen Spaghetti dieses mit erledigen.

 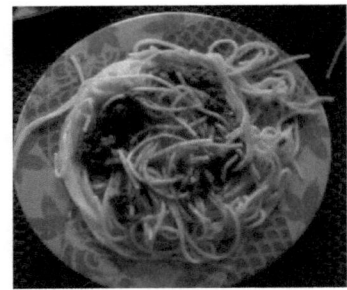

Guten Appetit!

Makkaroni auf die gleiche Weise herstellen

  Ihr braucht, wie gesagt, ein feuerfestes Gefäß und dann einen passenden Deckel drauf und kochendes Wasser…Die Makkaroni brauchten bei uns etwa 20 Minuten, bis sie weich waren…

Ihr könnt es auch bestimmt mit anderen Nudeln machen…

Wenn ihr einen Holzkohleofen daheim habt, der eine Plattform hat, könnt ihr die auch zum Kochen nutzen...

Dazu zeige ich euch jetzt ein Bild, wie wir es im kalten Deutschland im Winter gemacht hatten...

Den Holzkohleofen zum Kochen nutzen

Hier seht ihr einen ganz normalen Holzkohleofen aus dem Baumarkt. Wir hatten Schamottsteine aus einem alten Nachtspeicherofen geschenkt bekommen, der abgebaut worden war.

Diese Schamottsteine haben wir um das Ofenrohr herum drapiert, wie ihr sehen könnt. Je nach Größe des Topfes oder Gefäßes könnt ihr die Hitze des Ofens auch zum Kochen nutzen. Jetzt, im Nachhinein fällt mir ein, dass man auch kaltes Wasser ins Spaghetti-Glas hätte tun können, da es durch die Hitze des Ofens automatisch ja auch erwärmt werden würde.

Auf dieser Plattform des Ofens haben wir im Winter auch Schnee im großen Topf aufgetaut, um Wasser für die Klospülung zu haben, da wir 4 Monate lang die Wasserleitung im superstrengen Winter eingefroren hatten. Es lag so viel Schnee, dass ich täglich einige Male diesen dann im großen Topf, wie gesagt, auf dem Ofen auftauen konnte...

Zum Glück hatte ich damals einen alten 4x4 Allrad Wagen, mit dem ich abenteuerliche Fahrten zur 5 km entfernten Wasserquelle

machen konnte, die trotz der extrem kalten Temperaturen nie einfror und ich dort Trinkwasser holen konnte. Das war Survival pur!

<-Der Kelly Kettle – ein wunderbares Survival Kombi-Gerät

Unseren Kelly Kettle haben wir damals im Originalzustand und noch verpackt bei der Wohnungsauflösung eines guten Bekannten bekommen.

26

Einige Zeit vorher haben wir bei anderen Bekannten live miterlebt, was der Kelly Kettle alles kann.

Das Wichtigste ist das schnelle Erwärmen von Wasser in wenigen Minuten mit kleinen Dingen, die so im Garten rumlagen. Dünne Äste oder auch Tannenzapfen etc.

Man kann ihn auch zum Kochen benutzen.

Ich war damals super begeistert und bin es auch heute noch!

Der Raketenofen (Rocket stove) in der modifizierten „MacGyver Stefan" Version

Ja, ihr Lieben, ihr lest richtig! Mein Freund Stefan ist ein Allrounder, wie er im Buche steht und hat mir auf Wunsch genau den modifizierten Rocket Stove mit zusätzlichem Backofen gebaut.

Wie ihr hier seht, ist das Unterteil des Zweiteilers ein relativ „normaler Raketenofen", der aber oben am Austritt vier Halterungen angeschweißt hat, worauf dann der Brotback/ Kochaufsatz eingehängt wird.

Zuerst hatte er mir „nur" einen Raketenofen gebaut. Das gute Stück heizte dermaßen gut, dass ich sofort auf die Idee kam, nicht nur eine Pfanne oder einen Topf darauf stellen zu wollen, sondern ihn gleich so zu erweitern, dass man auch damit Pizza oder Brot backen kann.

Ich teilte Stefan meinen Wunsch mit und holte kurze Zeit später meinen Raketenofen wieder ab und nachdem er sich darüber Gedanken gemacht hatte, wie er meinen Wunsch in die Tat umsetzen könnte, rief er mich kurz darauf an und beschrieb mir, wie er es denn machen wollte.

Ich war einverstanden und gab ihm „grünes Licht" wie man so schön sagt. In der nächsten Woche brachte er mir den „modifizierten Raketenofen mit Brot/Pizzabackofen" vorbei und ich war happy!

Hier seht ihr, wie er jetzt aussieht!

Spanischer Holz-Kohleofen mit modifiziertem Anbau einer Koch-/Backmöglichkeit

Ja, andere Länder, andere Sitten, so könnte man dieses Kapitel beginnen, denn in Spanien ist vieles anders als in Deutschland. Dort wäre wahrscheinlich dieses Konstrukt nicht erlaubt.

Beginne ich mal ganz vorne: Hier in Spanien gibt es sehr teure Öfen in Baumärkten zu kaufen. Aber in den sogenannten „Ferreterias", also den Eisenwarenläden, gibt es auch Öfen zum Heizen zu kaufen. Von 80 Euro bis etwa 120 Euro kosten diese dort und sie gibt es nur dort – nicht in Baumärkten. Ich habe also zwei verschiedene (mit passenden Rohren und Winkeln) gekauft. Der größere der beiden Öfen wurde von Stefan dann auf meinen Wunsch hin so umgebaut, dass er auch zusätzlich eine Koch- und Backmöglichkeit hat. Der

kleinere der beiden Öfen wurde von Stefan so umgebaut, dass ich damit Pellets zum Heizen und auch Holz nehmen kann. Hier zeige ich euch erst einmal wie dieser umgebaute Ofen aussieht: ->

Ja, hier seht ihr links im Bild den Ofen, der von seiner Form ein wenig an R2D2 von Star Wars erinnert. Auf der rechten Seite, wo eigentlich der Anschluss für das Ofenrohr ist, hat Stefan dann die Erweiterung angebaut. Das seht ihr dann noch besser auf dem zweiten Bild. Man kann jetzt oben auf dem Ofen einen Topf oder eine Pfanne draufstellen oder auf den erweiterten „Anbau" rechts vom Ofen. Dann ohne Deckel. Wenn man den Deckel (mit eingebautem

Thermometer) draufsetzt, kann darunter Pizza oder Brot beispielsweise gebacken werden.

Das seht ihr jetzt im zweiten Bild.

Hier kann man jetzt sehr schön sehen, wie dort ohne Deckel auch gekocht werden kann, denn das gute Stück wird unbändig heiß!

Der Deckel war auch wieder eine Idee von meinem „Mac Gyver" Freund Stefan. Es ist eine nagelneue Spüle aus dem Baumarkt gewesen, die in der Mitte ein rostfreies Stück Edelstahl bekam mit Loch in der Mitte, wo ich jederzeit ein Thermometer einsetzen kann. Zudem kam noch ein Griff dazu, um den Deckel anzuheben. Es ist alles so konzipiert, dass es passt.

Es ist schon sehr praktisch, dass es in Spanien auf dem Land keine Kaminkehrer und Schornsteinfeger gibt und wir unsere Rohre selber säubern können, was wir auch regelmäßig tun.

Kommen wir jetzt zum Ibili Ofen. Den gibt es hier in Spanien auch in der Ferreteria zu kaufen. Man setzt den Aufsatz auf den Gasofen und darauf den Aluminium Topf, der einem Gugelhupf-Topf ähnelt. Ich hatte auch schon Experimente mit dem Guglhupf gemacht, aber da der Ibili so unverschämt günstig ist, habe ich dann das Original zum Backen genommen. Es gibt das Pendant dazu von Omnia. Es ist genauso gut, aber um einiges teurer. Die meisten Camper, so wie ich, werden diese Möglichkeit des Backens im Wohnwagen oder dem Wohnmobil kennen. Natürlich auch ideal, wenn der Strom ausgefallen ist…

IBILI – die günstige Backalternative für Camper oder wenn der Strom fehlt

Als wir letztens in einem sehr großen China-Laden waren, sah ich so eine Aluminiumschüssel, wie ihr auf dem Bild seht. Einen passenden Deckel dafür ist nicht schwer zu bekommen und auch ein Untersetzer, der auf der Gasflamme sitzt und den Alutopf vorm Verbrennen schützt, ist auch zu bekommen. Also könnt ihr euch so etwas auch zusammenbasteln, wenn ihr Freude daran habt oder halt so ein recht preiswertes Set von Ibili auch kaufen. Der größte Händler hat diese auch im Sortiment.

Jetzt möchte ich gerne auf meine Notfall Reserven eingehen, die ich wirklich nur im Notfall zum Einsatz bringe:

Holzkohlegrill mit Aktivbelüftung

Andere hätten sich bestimmt die Finger danach geleckt, dieses gute Stück einzuweihen, aber da ich so immens viele Teile habe, könnt ihr

euch vorstellen, dass es eine Notreserve ist.

Gleiches gilt mit diesem Schnäppchen, dass ich in Spanien für unter 10 Euro gekauft hatte.

Ein sogenannter Barbeque Grill. Er ist zwar „ratzfatz" aufgebaut, aber bisher brauchte ich ihn noch nicht...

Vielleicht benutze ich demnächst das runde Gitter, da ich diese immer wieder mal benötige...

Campingaz-Kocher

Ihr kennt bestimmt von Campingaz diverse Campingkocher für

unterwegs. Das sind die blauen Geräte mit den blauen Kartuschen. Ich hab diesen hier schon öfter benutzt und auch noch Kartuschen dafür...

Dutch Oven

Das hier ist mein Dutch Oven. Kennen vielleicht auch einige von euch. Er ist aus Gusseisen und ziemlich unverwüstlich, rostet aber, wenn er nach der Benutzung nicht eingefettet wird. Bitte nicht mit Wasser auswaschen, sondern nur ausputzen (zum Beispiel mit Küchenrollenpapier). Das gute Stück ist hundsschwer, aber superklasse!

Ich werde auch ein Rezept dafür in meine Rezeptsammlung am Ende des Buches mit angeben. (Seite 88)

Kommen wir jetzt zu weiteren Möglichkeiten, ohne Strom zu kochen oder zu grillen, wobei die meisten nicht an das Wort kochen denken, wenn sie einen Grill sehen. Aber es ist mit einer Pfanne oder einem

Topf durchaus möglich. Hier kommen wieder „Reservegrills", nenn ich sie mal, um euch auch die Vielfalt zu zeigen, die es gibt. Ich konnte früher keinem Grill widerstehen, der preiswert war. Teure Gerätschaften hingegen haben mich nur angespornt, etwas Günstiges zu bauen, das gleichgute oder auch bessere Ergebnisse brachte.

Kugelgrill	**Picknick-Eimergrill**

Seht ihr? Was es alles für relativ kleines Geld gibt, wenn man nur die Augen offenhält und für die Thematik sensibilisiert ist. Sprich: Euren Fokus schon vorher auf die Thematik ausgerichtet habt, findet ihr solche Dinge schneller. Auch Flohmärkte sind oft ein guter Ort, um solche wunderbaren „Schätze" zu finden, denn es können durchaus Schätze sein, wenn man dadurch bequem kochen, backen oder grillen kann...

BRIEFKASTEN Teelicht Ofen

Ja, ihr lest richtig! Ich weiß nicht, ob es so was schon gegeben hat, aber die Idee dazu kam mir, als ich beim Aufräumen diesen alten Briefkasten fand, den meine Frau schon entsorgen wollte. Ich stutzte und überlegte kurz. Da damals mein Fokus total auf „Kochen ohne Strom" ausgerichtet war, hatte ich plötzlich die Idee, ob es vielleicht klappen könnte. Der Briefkasten war rostig und ich dachte: „Nun, schaden kann es bestimmt nicht, wenn ich es an diesem windstillen Tag mal ausprobieren würde, mit Teelichtern so eine Temperatur hinzubekommen, dass ich damit tatsächlich Wasser erhitzen könnte oder sogar kochen...

Da kam dann der MAC GYVER in mir wieder zum Vorschein...

Gesagt, getan... Ich besorgte mir Teelichter, ein Feuerzeug, und ein digitales Temperatur Laser Messgerät.
Und jetzt schaut mal auf die nächsten drei Bilder. Das ist doch voll der Hammer oder der Burner, wie man neudeutsch immer wieder hört...

<-113,7 Grad ist echt Klasse...

Zusammensteckbarer Grill für Unterwegs

Ich habe diesen fünfteiligen Grill zum Zusammenstecken bei der gleichen Wohnungsauflösung bekommen, von der ich vorhin schon erzählt habe. Das Teil ist echt genial und in seine Mitte können Kerzen oder Teelichter gestellt werden und bei feuerfestem Untergrund ist es auch mit Holzstückchen, dünnen Ästen oder auch Tannenzapfen bestückbar, sodass richtig gekocht werden kann, wenn man eine Pfanne oder einen Topf daraufstellt.

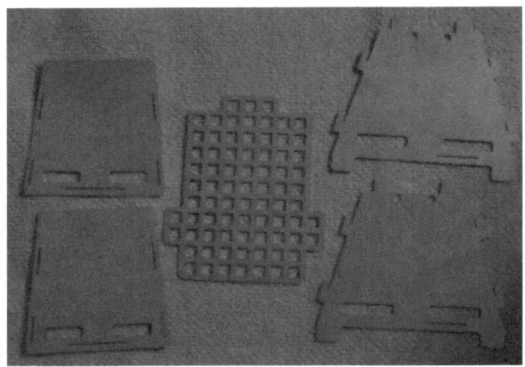

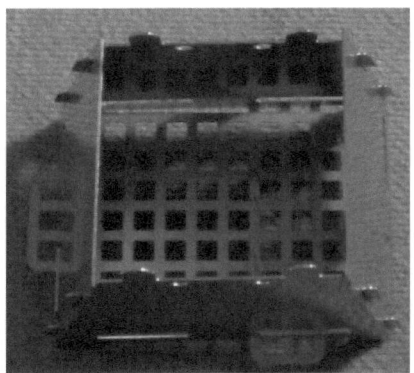

Einfacher, zusammenbaubarer Grill mit Gitterrost und Griff

Diesen Grill habe ich auch einmal geschenkt bekommen, da ich mich für diese Thematik interessiere und Derjenige ihn nicht mehr benötigte.

Ich hab mich sehr darüber gefreut! Er funktioniert mit Holzkohle, Pellets und kleinen Holzstücken, Ästchen oder auch Tannenzapfen, wobei die Holzkohle meistens verwendet wird.

Wenn ihr also etwas für unterwegs braucht und es platzsparend sein soll, ist diese zusammensteckbare Lösung meiner Meinung nach ideal!!!

Es muss nicht immer teuer sein, denn viele gute Dinge sind für kleines Geld zu erwerben oder auch Second Hand...

Firesteel - eine einfache Art, Feuer zu bekommen

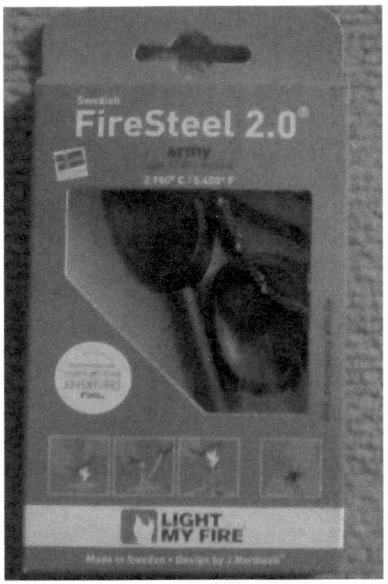

So einen Firesteel kann ich nur wärmstens empfehlen, denn manchmal sind keine Streichhölzer oder Feuerzeuge zur Hand oder funktionieren gerade nicht. Manchmal sind sie auch einfach alle... Soll vorkommen...

Kochen mit dem Wok (verschiedene Möglichkeiten)

Liebe Leser, der Wok ist schon was ganz Besonderes, wie ich finde! Viele machen aber den Fehler ihn so zu benutzen, wie er gekauft wurde.
Der Wok sollte immer erst eingebrannt werden – außer: Er hat eine Antihaftbeschichtung. Die meisten Woks sind aus Karbonstahl.

Die Einbrennung ist eigentlich recht einfach: Den neuen Wok zuerst einmal gründlich mit Essigwasser oder auch mit warmen „Spüliwasser" säubern oder in einem Barbequegrill ausbrennen. Danach muss aber noch einmal gründlich mit klarem Wasser nachgespült werden.

Nun geht ihr zu eurem Gaskocher und setzt den Wok bei mittlerer Temperatur auf die Gasflamme. In den heißen Wok reibt ihr jetzt Öl eurer Wahl mit einem Küchentuch ein. Sobald es anfängt zu rauchen, runternehmen und das restliche Öl im Wok abgießen.

Das ganze eventuell 1 bis 2 mal wiederholen, bis eine Patina im Wok entsteht.

So, jetzt könnt ihr anfangen, ohne Strom zu kochen.

Hier seht ihr Dinge, die man außer dem Gaskocher noch nehmen kann, um mit dem Wok ohne Strom zu kochen.

Hier seht ihr eine Sicherheits-Brennpaste, Lampenöl, Bio-Brenn-Ethanol, Brennspiritus und mehr...

Das ist das Teil, in dem die Sicherheits-Brennpaste hineinkommt. ->

Hier seht ihr den recht neuen, eingebrannten Wok, wie er auf dem

Campingkocher steht. Er ist bereit, um ein neues leckeres Gericht herzustellen.

Rösties in der Pfanne

Hier seht ihr unsere super leckeren Rösties in der Pfanne gemacht.
Ja, dieses köstliche Gericht ist nicht nur in Notzeiten etwas Schmackhaftes.

Zuerst wurden 12 Kartoffeln geschält und dann von mir geraspelt. Alles kam in die große Pfanne und mit Kokosöl wurde es dann schön kross angebraten. Dazu kamen lediglich 3 Esslöffel Röstzwiebeln, gutes Salz und Pfeffer aus der Mühle.

Ihr solltet nur schauen, dass ihr ständig mindestens 10 kg Kartoffeln dahabt. Wir haben oft 20 kg davon im Vorrat, da es mehrfach in der Woche Kartoffeln gibt.

Der ultimative Kombi Grill – ohne Strom

Schaut euch dieses wunderbare Prachtexemplar einmal an. Ich war sehr begeistert, als ich es in einem großen deutschen Discounter für recht kleines Geld sah.

Das gute Stück ist als Kombi Gerät nutzbar und kann zerlegt werden.

Der absolute Hingucker auf jeder Party im Garten, auf der Terrasse oder dem Balkon.

Und wie es innen aussieht, seht ihr im unteren Bild.

Ich könnte jetzt noch weiter schwärmen, aber ich denke, es sind genug Bilder und Texte zu den einzelnen Koch-, Grill- und Backmöglichkeiten gemacht worden.

Wir haben ein großes, selbstgebautes Hochbeet (das ich aus alten Paletten bebaut habe, die nur rumstanden). Dazu haben wir vieles in große Töpfe gepflanzt und einige Bäume auch im Garten (Apfelbaum, Quittenbaum, 2 Granatapfelbäume, 3 Mandelbäume, 1 Zitronenbaum, 2 Orangenbäume, 3 Mandarinenbäume, ca. 30 Olivenbäume und 1 Lorbeerbusch).

Auch viele Tomatenpflänzchen haben wir selbst gezogen aus Kernen, genauso wie aus Paprika.

Im Hochbeet und den angrenzenden Kübeln sind außerdem noch enthalten:
Zucchini, Gurken, Petersilie, diverse Salate, Chilischoten, Kartoffeln und Kürbisse, die sich selber quasi ausgesät haben auf dem Komposthügel. Bin gespannt, wie die werden.

So etwas ist mit einfachen Mitteln und ohne großem Geldbudget hier möglich.

Hier seht ihr den oberen Teil unseres Hochbeetes und auf dem rechten Bild seht ihr die Kübel vor dem Hochbeet.

Wenn ihr das Geld und den Platz habt, um euch z.B. einen Ecoflow oder ähnliche Gerätschaften zuzulegen, solltet ihr auch Platz für 1-3 Solarplatten haben, denn dann könnt ihr euren eigenen Strom erzeugen.

Moderne Stromspeichergeräte wie z.B. der Ecoflow kann man übrigens mit Solar, 12 Volt im Auto oder auch mit herkömmlichem Strom aufladen.

Wir haben oben auf unserem Transporter einen Gepäckträger montiert (der war schon drauf) und darauf ist jetzt eine Solarplatte.

Wenn wir für 1 oder 2 Tage Camping am Meer machen möchten, nehmen wir den Ecoflow mit und haben so immer Strom an Bord. Auch mein Laptop und Chrissys Handy kann man damit gut betreiben.

Solarlampen sind auch sehr sinnvoll, genauso wie die schwarzen Duschsäcke, die mit normalem Leitungswasser gefüllt werden und dann in die Sonne gelegt werden. Recht schnell wird das Wasser darin heiß und man kann ohne Strom duschen. Entweder hängt man den Duschsack in die Bäume oder bastelt sich beim Auto eine Haltemöglichkeit dafür.

Es gibt auch für 12 Volt Becher, in denen man Wasser, Tee oder auch löslichen Kaffee erhitzen kann und es sogar zum Kochen bringen kann. Das dauert allerdings...

Mit dem Ecoflow ist Wasser erwärmen ein Klacks...

Warum ich jetzt in einem Buch über stromlose Koch-, Grill-, und Backmöglichkeiten über den Ecoflow rede, liegt daran, dass es dadurch eine Teilautarkie gibt. Hier in Spanien sind einige Fincas nicht ans Stromnetz angeschlossen und die Leute, die dort wohnen, müssen auch irgendwie klar kommen...

Ein Tipp von mir, wie ihr eine Teilautarkie auch in Deutschland hinbekommen könnt:

Besorgt euch einen Kastenwagen (unser Crafter ist fast 7 Meter lang und 2,85m hoch. Innen ist eine gute Stehhöhe von über 190 cm und so kann ich geradeso drinstehen.
Ein netter TÜV-Prüfer sagte mir mal, dass man so einen Kastenwagen (natürlich gehen auch kleine, logo) nicht unbedingt zum Wohnmobil umbauen müsste.

Es reicht, wenn man z.B. sein selbstgebautes Bett nur hineinstellt und gleiches gilt für alles, was ihr mitnehmen wollt auf eurer Campingtour. Wir haben z.B. unter dem Bett, das hoch genug ist, die Möglichkeit, dort drunter jede Menge Kisten (z.B. Bananenkartons) zu lagern, wo alles drin ist, was wir unterwegs brauchen. Auf dem Dach liefert das Solarpaneel Strom, welcher gleich im Ecoflow gespeichert wird und sofort auch benutzt werden kann. Dann haben wir eine 12 Volt Kühlbox dabei und Klamotten zum Wechseln, etwas Nahrung und Getränke, wobei das Hauptaugenmerk auf gutem Wasser beruht.

Ein mobiles Klo ist auch dabei, dass mit Tüten benutzt wird, falls man vor Ort keine Toilette findet.

Ein kleines Solarpaneel sorgt dafür, dass die Lampe für abends geladen ist.

Ihr seht, es muss kein teures Wohnmobil sein, sondern einfach nur das Wichtigste an Bord haben, was man braucht.

Rezepte, die ihr schnell und einfach machen könnt, wenn der Strom fehlt

Da ich ein großer Bud Spencer und Terence Hill Fan bin und die Western der beiden liebe, die in Südspanien in der Wüste Tabernas und in den Westernstädten gedreht wurden, beginne ich meine stromlosen Rezepte mit Klassikern aus den Filmen der beiden Schauspieler, die ich etwas abgewandelt habe, damit sie auf einfache Art und Weise gelingen und trotzdem sehr lecker und schmackhaft sind!

Bohnenpfanne a la Wild West

Ihr benötigt zwei oder auch drei verschiedene Sorten Bohnen.

Wir nehmen weiße Bohnen, braune Bohnen und Kidneybohnen dazu.

Diese findet ihr entweder in Gläsern oder auch in Dosen und zwar schon soweit vorgekocht, dass ihr sie auch rein theoretisch kalt essen könntet.

Da wir aber eine der vielen Kochmöglichkeiten nutzen werden, die ich euch ja schon in diesem Buch präsentiert habe, gibt es also diese leckere Bohnenpfanne.

Als weitere Zutat kommt noch Knoblauch und Zwiebeln hinzu. Dann gutes Salz (nicht dieses gepanschte mit Jod und anderen chemischen Dingen, sondern entweder Steinsalz, Meersalz, Himalaya-Salz oder auch gutes Ur-Salz. Wir nehmen meistens Himalaya-Salz oder Meersalz).

Pfeffer aus der Pfeffermühle zum Abschmecken und wer mag, kann gerne so wie unser Sohnemann noch Chili hinzufügen.

Die Bohnen kommen hier in Spanien aus dem Glas. Je 2 Gläser werden benötigt, um eine ordentliche Menge an Bohnen in die Pfanne zu bekommen, bzw. zwei Pfannen voll dieser köstlichen Speise als Gericht herzustellen.

Zum Anbraten empfehlen wir Palmin, Kokosöl oder auch Sonnenblumenöl. Kein Rapsöl und auch kein Olivenöl bitte. Die verträgt der Körper nicht gut, wenn sie erhitzt sind. Rapsöl meiden wir sowieso generell, da es auch kalt nicht gut für den Körper ist. Olivenöl bitte möglichst nur für Salate und so kaltgepresst nutzen. Nicht erhitzen! Gutgemeinter Ratschlag!

So, wir haben Knoblauchpulver genommen, da wir das besser vertragen, und auch Röstzwiebeln.

Das Essen ist ein Gedicht und wer es mag, kann dazu noch Petersilie drüberstreuen!

Gutes Gelingen und guten Appetit!

(Aber Achtung: Jedes Böhnchen gibt ein Tönchen...) Deshalb kann man zur Abmilderung der „Winde" auch Kümmel oder Schwarzkümmel mit ins Essen geben)

Bohnenburger a la Wild West

Hier gibt es jetzt eine sehr einfache vegane Variante zur Herstellung einfacher Burger.

Ihr benötigt:

2 Dosen / Gläser voll Bohnen.

Hier in Spanien gibt es die schwarzen Bohnen – ausnahmsweise mal in Dosen – 400g, davon 2 Stück plus eine 1 Glas Kidneybohnen 400g.

Ihr dürft jetzt Mangels Strom die gute alte „Gabelknetmethode" anwenden, da ja der obligatorische Stabmixer nur mit Strom geht. Wenn ihr alles gut durchgeknetet habt, gebt ihr etwa 50g Mehl hinzu. Wenn es zu pappig wird, solltet ihr löffelweise Wasser dazu geben, bis es ein geschmeidiger Teig ist. Jetzt kommt das Salz, der Pfeffer, das Majoran und die Petersilie dazu. Alles aus dem Streuer.

Der nächste Schritt ist, einen Teller mit Semmelbrösel vorzubereiten, in die die Burgerrohlinge, sag ich mal, gewälzt werden.

Die Pfanne wird auf dem Gasofen oder Holzofen erhitzt und dann kommen die Rohlinge hinein. Rechtzeitig wenden!

Wer mag, kann diese dann als Beilage verwenden oder so wie wir direkt so verputzen. Ich bevorzuge mittelscharfen Senf dazu und unser Sohnemann beispielsweise eine scharfe Soße.

Gutes Gelingen!

Scharfe Bohnensuppe a la Wild West

Jetzt wird unser Western Trio beendet durch meine berühmt berüchtigte Bohnensuppe, die es in sich hat. Selbstredend könnt ihr sie auch in einer Pfanne mit hohem Rand machen oder in einem Wok.

Die Zutaten sind wie folgt:

Wir nehmen 2 Liter gutes Quellwasser (wir haben hier in der Nähe eine wunderbare Quelle im wahrsten Sinne des Wortes, da der spanische Name übersetzt „Quelle der Wunder" bedeutet. Auch unsere Tiere lieben dieses Wasser)...

Gut, fahren wir fort... (Nein, nicht wohin und nicht in einem Ford...)

Ihr benötigt 5 große Kartoffeln oder 8 mittelgroße.

Dazu ein Schälmesser und eine Kartoffelreibe. (Ja, ist wichtig, sie zu reiben, denn dann kommt das Aroma besser zum Vorschein und wir mögen es lieber als in kleine Würfelchen geschnitten.)

Jetzt kommen die Bohnen: Wir nehmen eine Dose schwarze Bohnen, ein Glas Kidneybohnen und ein Glas braune Bohnen dazu.

Das Wasser wird zum Kochen gebracht und dann kommen die geriebenen Kartoffeln dazu. Einige Zeit später (10-12 Minuten) auch die verschiedenen Bohnen. Lasst jetzt alles bei kleiner Flamme köcheln, während ihr nach und nach Salz, Pfeffer und Chili hinzugebt. Sollte es euch zu scharf werden (ist mir auch mal passiert) könnt ihr die Schärfe durch Hinzugabe von einer Dose (330 ml) Kokosmilch erheblich abmildern.

Bei Bedarf noch Petersilie (gern als Pulver) hinzugeben.

Wenn ihr es auf dem Feuerofen kocht, könnt ihr es gerne noch länger köcheln lassen. Je länger es köchelt, desto intensiver schmeckt es, meiner Meinung nach. Wer jetzt gerne noch etwas zur Suppe oder den Burgern dazu essen möchte, kann hier auf Dosenbrot, Knäckebrot oder auch Zwieback zurückgreifen, denn wir sprechen hier von Notsituationen. Wer vorher selbstgebackenes Brot z.B. mit dem Teelichtofen hergestellt hat, kann dieses natürlich auch gerne als Beilage dazu nehmen.

Chili (sin Carne)

Ja, das hier vorliegende Rezept liebt mein Sohn sehr und er bat mich, es in dieses Buch mit aufzunehmen.

Es ist ebenfalls ein einfach herzustellendes Rezept für Notsituationen.

Ich erkläre euch jetzt, wie wir es machen. (Schmeckt uns sehr gut, so ganz nebenbei gesagt)

2 Liter gutes Wasser

5-6 mittelgroße Kartoffeln (entweder geraspelt oder gewürfelt)

2 Gläser oder Dosen (a 440 g) Kidneybohnen

1 große Zwiebel oder ein 1 Esslöffel voll Zwiebelpulver

4 Knoblauchzehen oder 1 TL voll Knoblauchpulver

1 Esslöffel voll Chilipulver

1 mittelgroße Paprika oder 1 Esslöffel voll süßes Paprikapulver

2 Esslöffel Kokosöl oder Sonnenblumenöl

1 Dose (850g) Tomaten püriert

1 Dose Mais (achtet darauf, dass es möglichst Biomais ist, der nicht genmanipuliert ist)

Salz, Pfeffer nach Geschmack und zum Schluss wieder die obligatorische Petersilie.

Ihr gebt alle Zutaten auf einmal ins Wasser, lasst es 3-4 Minuten richtig stark aufkochen und dann bei kleiner Flamme noch etwa 15-20 Minuten köcheln. Zwischendurch abschmecken, ob noch Salz und Pfeffer ggf. fehlen.

Wem es zu scharf ist, kann es wieder mit Kokosmilch oder auch Reismilch abschwächen.

Gutes Gelingen!

Äärpelschloot (Kartoffelsalat) nach Johannes Art

Meine eigene Kreation von einem sehr einfach herzustellenden Kartoffelsalat für Krisenzeiten.

Da meine Omma aus dem bergischen Land kam, hieß dort der Kartoffelsalat „Äärpelschloot) = Erdapfelsalat...

Ich habe gestern Abend extra für dieses Buch hier diese hier beschriebene Variante gemacht und die gönnen wir uns gleich nach der Schreibarbeit...

1 kg Kartoffeln wurden dafür benötigt (die geschält wurden und dann in Scheiben geschnitten wurden)

Die vegane Mayonnaise habe ich wie folgt hergestellt:

2 Gläser weiße Bohnen kamen in einen großen Messbecher

2 große Esslöffel mittelscharfen Senf kamen hinzu

1 Esslöffel gutes Salz

1 Teelöffel schwarzer Pfeffer

1 Esslöffel voll Petersilienpulver

1 Esslöffel voll Oregano

2 Esslöffel voll Majoran

5 Esslöffel voll Röstzwiebeln

1 Teelöffel voll Currypulver

1 Teelöffel Knoblauchpulver

Mit der Gabel oder dem Kartoffelstampfer alles klein machen (oder wenn Strom da ist, den Stabmixer nehmen)

Dann zum Schluss noch Hafermilch (oder welche nach eurer Wahl) nehmen, um alles (möglichst mit einem silbernen Löffel) cremig rühren. Der silberne Löffel, las ich mal in einem alten Buch, sorgt dafür, dass die Mayonnaise erstens länger hält und zweitens desinfiziert ist. Deshalb wurde früher im Mittelalter, wer es sich leisten konnte, nur mit Silberbesteck gegessen.

So, die Kartoffeln sind jetzt gar und kommen in eine große Schüssel. Zuerst nur die Hälfte. Dann wird die Hälfte der Mayonnaise untergemischt. Dann den Rest der Kartoffeln und alles schön mit dem Silberlöffel (falls ihr einen habt) vermengt. Jetzt noch nach Bedarf Mayonnaise dazugeben. Kurz abschmecken, denn die Kartoffeln entziehen der Mayonnaise Salz. Idealerweise an einen kühlen Ort stellen und am nächsten Tag genießen, denn dann ist er so richtig durchgezogen.

Hier seht ihr die Bilder dazu. In der Mayonnaisen-Schüssel ist nur noch der Rest übrig. Passt wunderbar auch zu Pommes frites...

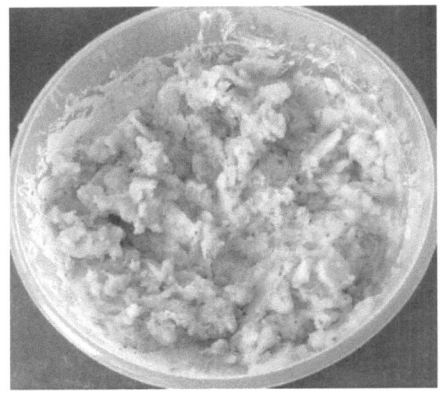 

Sauerkraut / Rotkohl Pizza

Diese einfache Pizza-Art kann in Krisenzeiten (aber auch jetzt) schnell gemacht werden.

Ihr benötigt:

1 kg Mehl, wenn ihr mehrere dieser Pizzas machen möchtet.

1 Glas Sauerkraut (580g)

Oder 1 Glas Rotkohl (580g)

Gibt es hier in Spanien sogar regelmäßig zu kaufen...

Des Weiteren braucht ihr 1 Päckchen Backpulver je 500g Mehl, in dem Fall hier 2 Stück.

1 Teelöffel gutes Salz

350 ml lauwarmes Wasser

Alles gut durchkneten, eventuell noch etwas Wasser hinzugeben, falls es nicht reicht. Der Teig braucht nicht gehen und kann sofort stückweise auf einer bemehlten Unterfläche mit dem Nudelholz ausgerollt werden.

Zwischenzeitlich das Sauerkraut bzw. den Rotkohl in eine Pfanne geben. Mit etwas Wasser, 1 Teelöffel gutem Salz, und einer Handvoll Röstzwiebeln das Ganze aufsetzen.

Nach etwa 10 Minuten ist das Sauerkraut / der Rotkohl fertig. Bitte noch in der Pfanne lassen!

Jetzt den Pizzaboden in die andere Pfanne geben und nach drei Minuten umdrehen. Nach etwa 6 Minuten ist der Pizzateig fertig.

Er kommt jetzt auf den Pizzateller und das Sauerkraut / der Rotkohl aus der anderen Pfanne heraus, da drauf.

Ich gebe immer noch etwas Petersilie und Oregano, jeweils aus dem Streuer, oben drauf. Schmeckt super lecker!

Gutes Gelingen!

Röstie Pfanne exotisch

So, liebe Leser!

Ich bin ein Kartoffel-Fan durch und durch! Ich kann 6 Tage die Woche Kartoffeln in verschiedenen Variationen essen! (und einmal was anderes...)

Hier kommt meine eigene Variante der Röstie-Pfanne.

10 -12 mittelgroße Kartoffeln

7 Esslöffel Röstzwiebeln

3 Knoblauchzehen

1 Dose / Glas Kidneybohnen

1 Dose Kokosmilch

1 Teelöffel Currypulver

1 Teelöffel Majoranpulver

Etwas Kokosöl oder Palmin zum anbraten (ihr könnt auch anderes Öl nehmen)

Jetzt werden die Kartoffeln in der großen Pfanne angebraten (nachdem sie geschält wurden und per Hand mit der Reibe zu Rösties verarbeitet wurden)

Nach 3 Minuten etwa werden sie das erste Mal gewendet und etwas gutes Wasser kommt hinzu, damit sie nicht anbrennen. Jetzt kommt der Rest dazu, bis auf die Kokosmilch. Sie kommt erst kurz vor Schluss dazu. Alles dann, wenn die Kartoffel-Rösties fast durch sind, noch ein paar Minuten köcheln lassen in der Kokosmilch. Wer mag, kann dann noch etwas Ananas Saft mit dazugeben.

Schmeckt außergewöhnlich lecker und exotisch!!!

Kleiner Tipp: Bevor ihr es für eure Liebsten kocht, fragt besser erst, ob sie experimentierfreudig sind, was ihren Gaumen betrifft...

Konserven Allerlei

In schlechten Zeiten ernährt man sich oft von Konserven verschiedenster Art.

Erbsen und Möhren haben viele da und auch Linsen in der Dose oder dem Glas.

Gebt ein Glas/Dose Erbsen und Möhren und ein Glas/Dose Linsen in einen Topf oder eine Pfanne.

Jetzt kommt 100 ml Wasser dazu und das Paniermehl.

Zuerst lasst ihr das Gemüse im Wasser heiß werden und dann gebt ihr gutes Salz, Pfeffer und das Paniermehl vorsichtig durch Hinzuschütten dazu. Mit dem Pfannenwender immer wieder umdrehen und schauen, dass nichts anbrennt.

Dieses einfache Rezept könnt ihr so essen oder als Zugabe zu Reis oder Nudeln servieren. Ideal auch als Soßenersatz.

Wer jetzt meint, ich habe statt Linsen Bohnen oder Kidneybohnen da, kann diese auch nehmen.

Probiert es aus. Es klappt mit fast allen Variationen aus der Konserve.

Auf die Idee kam ich, als ich auf die Schnelle für Spaghetti etwas als Soßenersatz brauchte. Da es gut ankam, hab ich es in mein Kochrepertoire aufgenommen.

Viele Dinge sind in der Not und durch Experimentieren entstanden.

Es empfiehlt sich, immer wieder einmal zu experimentieren, damit eure Gaumen auch was zum Testen haben...

Tiefgefrorene Reibeplätzchen verwenden, wenn der Strom weg ist.

Ihr erinnert euch plötzlich, dass ja noch „Rievkooche", also Reibekuchen, in der Gefriere liegen. Gut, werden sie halt jetzt aufgetaut...

Ihr legt die 7 Stück in zwei Pfannen und bratet sie mit dem Öl eurer Wahl an.

Rechtzeitiges Wenden nicht vergessen!

Plötzlich fällt euch ein, dass ihr ja noch Preiselbeeren im Glas im Kühlschrank habt.

Gut, also die Preiselbeeren herausgeholt und dann so kalt wie sie sind auf die Reibekuchen verteilen!

Ein Hochgenuss!!!

Hier seht ihr die beiden Pfannen mit den „Rievkooche". Das Gute daran ist, dass ich es in unserem damaligen uralten Wohnmobil auf dem Gasofen abgebraten hatte. Somit haben wir eine weitere Möglichkeit hier erwähnt, wo ihr in schlechten oder stromlosen Zeiten kochen könnt: Der Gasofen im Wohnwagen oder Wohnmobil, soweit ihr so etwas habt, bzw. dort in der Verwandtschaft beispielsweise, mitbenutzen könnt.

Superschnelle Pfannkuchen

Nun, da ich ein Veganer bin, sind viele schnelle Rezepte auch für Veganer ausgelegt. Sie lassen sich aber auch leicht für Vegetarier und Fleischesser umwandeln:

Nur: In schlechten Zeiten ist meist kein Fleisch da und vegane/vegetarische Rezepte sind dann leichter zu kreieren.

Dieses Rezept entstand aus simplem Ausprobieren heraus. Sohnemann Chrissy wollte schnelle Pfannkuchen. Also versuchte ich es mit einer simplen Methode und hatte Erfolg!

Total einfach herzustellen:

Ihr benötigt etwa 500 g Mehl eurer Wahl, Mineralwasser, das gut sprudelt, 300 ml Milchersatz. Wir nehmen meistens Hafermilch. Ob es mit Kuhmilch auch geht, weiß ich nicht, könnte es mir aber gut vorstellen. (Es funktioniert auch mit Wasser alleine.)

Dann braucht ihr noch Zucker oder Sirup zum Süßen

(Empfehlung: nehmt bitte keine Zuckeraustauschstoffe, die sind schädlich für den Körper)

1 Tüte Backpulver.

Jetzt Mehl, Backpulver und Zucker mischen. Dann die Hafermilch oder Wasser dazu geben und alles ordentlich mit dem Löffel und später mit dem Schneebesen verrühren. Jetzt kommt das Mineralwasser dazu.

Gebt etwa 350-400 ml hinzu. Der Teig sollte sich gut rühren lassen und trotzdem etwas sämig sein.

Wenn ihr eine Pfanne habt, wo nichts anbrennen kann, könnt ihr versuchen, die Pfannkuchen ohne Öl abzubraten. Ansonsten etwas Öl vorher bei jedem Pfannkuchen in die Pfanne geben.

Bisher haben sie bei uns immer geklappt. Geht schnell und ist auch ohne Strom z.B. auf dem Gasherd leicht realisierbar. Gutes Gelingen!

„Zwiebel-Mett" in veganer Variante

Ich sagte euch doch, dass es in Krisenzeiten schwierig ist, an Fleisch zu kommen. Ich als Veganer hatte mal darüber nachgedacht und es gab mal einen Tag, wo ich eine vegane Variante eines der Kult-Fleischgerichte kredenzen sollte.

Hier ist sie:

Wundert euch nicht über die Zutaten, denn letztendlich ist das Gesamtergebnis ausschlaggebend, woll?

Ihr braucht eine Packung Reiswaffeln (oder auch Dinkelwaffeln) 100g.

Diese werden sehr klein in eine Schüssel zerbröselt.

Dann benötigt ihr 300g heißes Wasser, welches ihr in die Schüssel über die zerbröselten Reiswaffelstücke gießt. Zu heiß muss das Wasser nicht sein, nur „heiß", damit ihr euch die Finger nicht verbrennt. Wir nehmen dann einen Löffel und mischen alles durch. Jetzt kommen 4 Esslöffel Tomatenmark dazu. Solltet ihr kein Tomatenmark haben, könnt ihr auch Tomatenpüree aus der Dose nehmen, aber vorsichtig dosieren, dass es nicht zu wässerig wird.

Jetzt kommt gutes Salz, Pfeffer, süßes Paprikapulver hinzu.

1 große Zwiebel ganz klein geschnitten oder in Ringe, je nachdem, wie ihr es möchtet. Wer hat, kann auch etwas Rauchsalz hinzufügen.

Diese gebt ihr jetzt hinzu. Jetzt kommt noch das Knoblauch-Granulat oder Pulver hinzu und ganz wichtig: 2-3 Esslöffel mittelscharfen Senf.

Das Ganze wird gut durchgemischt mit einem Löffel und an einen kühleren Ort gestellt. In Zeiten mit Strom könnt ihr es natürlich auch in den Kühlschrank stellen.

Mein Sohnemann meinte dann: „Papa, das schmeckt wie echtes Mett."

Auch andere, ehemalige Fleischesser, fanden die vegane Variante sehr gut.

Könnt ihr ja gerne mal ausprobieren.

Vegane „Käse" Sauce für Nudeln

Ja, auch als Brotaufstrich ist diese einfache Variante für eure Nudeln, Reis oder andere Gerichte zu benutzen, die ihr in Krisenzeiten recht einfach und schnell kreieren könnt...

Ihr benötigt 1 Glas / Dose Kichererbsen mit 400g

Dazu wie immer gutes Salz

Pfeffer (am besten aus der Pfeffermühle, den kann man besser dosieren)

Dann optimalerweise 3 Esslöffel Bierhefe oder auch ein anderes Gewürz, dass etwas herb schmeckt.

Ich nehme dann 2 Esslöffel voll Kräuter der Provence Pulver aus dem Streuer. Davon hab ich jede Menge auf Vorrat schon vor der „C" Zeit gekauft. Kräuter sind wichtig zum Würzen, genauso wie gutes Salz und Pfeffer...

1 Teelöffel Kurkuma

1 große Tomate, kleingeschnitten oder 2 mittelgroße Tomaten nehmen

1 Teelöffel Öl eurer Wahl. Wir bevorzugen Sonnenblumenöl in diesem Fall

Kommen wir zur Zubereitung:

Das Glas / Dose Kichererbsen, komplett wie es ist, in eine Schüssel geben.

Die kleingeschnittene Tomate, die Bierhefe, Salz nach Gefühl, Kräuter der Provence, Pfeffer und Kurkuma hinzugeben.

Jetzt alles mit der Gabel oder dem Kartoffelstampfer zerkleinern und zum Schluss etwas Öl hinzugeben.

Fertig ist eure vegane „Käse" Sauce, die auch als veganer Brotaufstrich verwendet werden kann.

Viel Erfolg beim Nachmachen!

P.S.: Kindern schmeckt es meistens super gut. Wer es weniger herb möchte, kann auch Kokosmilch statt Sonnenblumenöl nehmen.

Leckere „Beansburger"

Ja, dieses Rezept hab ich letztens für unseren Sohnemann auf die Schnelle hergestellt und er hat mehrere Tage davon gegessen, da ich ein paar Tage nicht da war.

Die Zutaten sind simpel:

Ein Glas weiße Bohnen

Ein Glas Kidneybohnen

Ein Glas braune Bohnen

Alles wird mit der Gabel oder dem Kartoffelstampfer untereinander gemischt und zermatscht.

Jetzt kommt gutes Salz und Pfeffer hinzu.

1 Zwiebel ganz kleingeschnitten (oder Zwiebelpulver aus dem Streuer 1 Teelöffel voll)

2 Teelöffel Knoblauchgranulat

250 g Semmelbrösel

Jetzt kommen eure Hände dran, denn es ist am einfachsten, alles damit durchzukneten.

Auf einem großen Teller kommt der Rest der Semmelbrösel zum Wenden der Burger darin.

Ihr formt jetzt aus dem Teig die Burger und wälzt sie dann in den Semmelbröseln.

Danach gebt ihr sie in die Pfanne auf dem Gasofen (oder Holzofen, oder was ihr nehmen möchtet)

Rechtzeitig mit dem Pfannenwender umdrehen, damit ihr keine „Brandenburger" bekommt...

Macht satt und schmeckt lecker!!!

Linseneintopf der experimentellen Art

Bei diesem Gericht haben wir experimentiert und was soll ich euch sagen:

Schmeckt herrlich deftig und macht satt!

1 Packung 500g (oder wenn ihr großen Hunger habt, dann nehmt 1 kg getrocknete Linsen). Die halten sich ewig...

Sie müssen am besten über Nacht in kaltem Wasser eingeweicht werden. Ihr solltet auf jeden Fall 1 Esslöffel voll Kaiser Natron mit ins Wasser geben. Dadurch werden die Linsen schneller weich.

Dazu braucht ihr noch 5 große oder 8-10 kleinere Kartoffeln.

Die Kartoffeln schälen und dann in kleine Würfel schneiden oder mit der Reibe wie bei den Rösties reiben. Ihr könnt sie dann, so wie sie sind, in den Topf zu den Linsen geben, die ihr auch mit einem Teelöffel voll Natron aufgesetzt habt.

Wenn ihr habt, gebt Sellerie mit hinein. Zwiebeln sollten genauso wie Knoblauch mit hinein.

Der Rest nach eurem Gusto... (z.B. Möhren, Erbsen, oder und Kidneybohnen etc.)

Mein Daddy hätte da frevlerischer Weise Maggi reingehaun...

Wenn schon Maggi, dann das echte „Maggikraut" = Liebstöckl, finde ich…

Ich bevorzuge ja noch eine Dose Kokosmilch dazu. Das rundet den Geschmack ab…

Gutes Gelingen!

Grünkohl-Kartoffel Röstie Pfanne

Ja, jetzt komme ich zu meinem Lieblingsrezept: Ich oute mich hier als „Grünkohl-Fan"

Für mich ist der Grünkohl der leckerste Kohl von allen. Zum Glück gibt es beim großen Discounter mit „A" ihn zwei Mal im Jahr frisch und dann hole ich mir einige Portionen und friere sie ein. Es gibt Grünkohl auch in Gläsern oder schon fertig tiefgefroren.

Gut, der Strom ist jetzt weg und ich muss ihn aus der Tiefkühltruhe holen.

Er wurde schon von mir vor dem Einfrieren gewaschen und ganz klein geschnitten. So kommt er in die Pfanne. Dazu habe ich 7-9 mittelgroße Kartoffeln geschält und dann mit der Reibe kleingerieben. So kommen sie dann in eine separate Pfanne – am besten mit Palmin (oder notfalls auch mit Sonnenblumenöl bei mir).

Die Kartoffeln werden mit dem Pfannenwender regelmäßig gewendet und wenn sie fast fertig sind, kommt der mittlerweile fertige Grünkohl dazu, der in einer separaten Pfanne war. Alles wird lecker untereinander gemischt. Dann wird mit gutem Salz, Pfeffer, Majoran und Petersilie abgeschmeckt.

Alternativ könnt ihr Würstchen (oder vegane Alternativen) dazu geben.

In Norddeutschland heißt das „Kohl mit Pinkel"…

Bei uns gibt es die vegane Variante…

Für mich ist das ein Rezept, welches ich auch nachts um drei noch machen und essen könnte…

Sauerkraut mit Röstie (superlecker und schnell gemacht)

Ja, auch so ein super Krisenrezept...

Die Kartoffeln werden geschält und dann geraspelt und in der Pfanne gebraten (ich sag halt immer Rösties dazu, wenn sie fertig sind. So mag ich halt Kartoffeln am liebsten. Ihr könnt sie natürlich auch als „Broat-Äärpels" (Bratkartoffeln) essen, wenn ihr möchtet. Ja, das Essen ist einfach und ratzfatz fertig...

In einer separaten Pfanne (oder ihr packt den „Surenkappes" (Sauerkraut) zu den „Äärpels" dazu, wenn die Pfanne groß genug ist)

Ich liebe die alten plattdeutschen Wörter...(grins!)

Jetzt braucht ihr für den Kappes noch ordentlich gutes Salz, Röstzwiebeln und natürlich ordentlich mittelscharfen Senf.

Die Kartoffeln werden mit dem Sauerkraut gemischt und ich persönlich mixe dann nach Gusto den Senf dazu.

Es schmeckt wie zu Kindertagen bei meiner lieben Omma.

Wenn ihr jetzt die Hände über den Kopf schlagt, dann lasst einfach den Senf weg und nehmt einfach das dazu, was ihr möchtet...

Aber bedenkt, in stromlosen Zeiten ist einfaches Essen angesagt...

Alter Schwede, ich krieg langsam Hunger darauf... (grins!)

Gemüsepfanne mit Kartoffelpüree

Dieses Gericht ist eine Art Restpostengericht oder auch Allerlei-Leckerli genannt...

Ihr benötigt das Gemüse was ihr da habt. Die meisten haben bei den Konserven Erbsen und Möhren, verschiedene Bohnen in Gläsern oder Dosen, Mais, Linsen oder auch Kidneybohnen. Ich persönlich nehme immer Kichererbsen mit hinein.

Ihr gebt euer/eure Wunschgemüse in die große Pfanne mit etwas gutem Wasser und lasst es erst einmal anköcheln.

Jetzt kommt 1 Tüte Kartoffelpüree dazu, um es etwas anzudicken. Ist es zu dick, wird noch mit gutem Wasser oder bei mir mit Kokosmilch alles erweitert.

An Gewürzen kommt bei mir gutes Salz, Pfeffer aus der Mühle und Majoran aus dem Streuer hinzu.

Wenn ihr jetzt sagt, dass ist aber wenig, so sage ich euch: Nehmt noch etwas Paniermehl dazu, ggf. noch mehr Wasser (nicht Meerwasser, kleiner Witz!) und es macht satt!

Wer kein Paniermehl nehmen möchte, kann auch eine zweite Tüte Kartoffelpüree hinzugeben.

Wisst ihr übrigens, wie das Reh mit Vornamen heißt? Kartoffelpü...

Ich wollte euch mal mit diesem süßen Kinderwitz zum Lachen bringen...

Gutes Gelingen!

Ihr seht, dass man auch beim Schreiben eines Buches seinen Humor behalten sollte und diesen gelegentlich auch zeigen kann...

Kartoffel-Möhrengemüse-Untereinander a la Caro

Dieses Rezept hatte unsere liebe Caro in meiner Campingküche letztens gekocht und es hat wunderbar geschmeckt.

Sie gibt mir das Rezept durch, da ich beim Kochen nicht dabei war...

Sie hatte es in meiner Pizzapfanne gemacht, die auch stromlos sozusagen läuft, da sie an den Ecoflow angeschlossen ist.

Es geht genauso mit einer großen Pfanne oder einem großen Topf.

Die Menge die ihr möchtet an Kartoffeln und Möhren schälen und dann klein schneiden.

Alles in die Pfanne oder den Topf geben mit Wasser kochen und mit gutem Salz, Pfeffer und Thymian würzen.

In einer separaten Pfanne eine große Zwiebel kleingeschnitten in Öl nach eurer Wahl braten.

Danach Kartoffeln und Möhren mit dem Kartoffelstampfer zu einer homogenen Masse stampfen und die Zwiebeln dazugeben.

Ich finde, es schmeckt so, wie wir als Kinder von Omma bekocht wurden... Lecker!

Beim Stampfen kann man auch einige Stücke zum Kauen so lassen (und dann Senf dazu für mich…Grins) Caro schüttelt gerade den Kopf… für sie keinen Senf… (ich muss gerade grinsen)

Kichererbsen- Kidneybohnen Burger

Ja, dieses Rezept entstand bei einem größeren Ereignis, das im TV kam. Mich interessierte es nicht so sehr, was da im TV kam und die Gäste hatten Hunger.

Also ging ich zu meinen Vorräten, die jetzt etwas angewachsen sind, da der Stromausfall im April 2025 doch dafür gesorgt hatte, dass selbst die Spanier jetzt angefangen haben, etwas zu bevorraten.

Zwei Gläser Kidneybohnen und zwei Gläser Kichererbsen kamen in eine Schüssel und alles wurde mit der Brühe aus den Gläsern mittels Kartoffelstampfer zerstampft. Jetzt kommt gutes Salz hinzu, Pfeffer aus der Mühle und ganz wichtig: 1 gehäufter Esslöffel voll Majoran. Dadurch bekommt ihr einen „leberwurstähnlichen Geschmack" hin. Ideal wäre dann auch noch Rauchsalz.

100g Mehl wurde dazu gemischt und als die Masse eine feste Konsistenz hatte, gab ich Paniermehl auf einen Teller, in dem die Teiglinge gewälzt wurden. Hier gibt es Paniermehl mit Knoblauch und Petersilie. Ein Gedicht, wirklich! Oberlecker!

Jetzt in der Pfanne bei mittlerer Temperatur braten. Ist der Gasherd zu heiß eingestellt, können die Burger leicht anbrennen. Immer den Pfannenwender einsetzen!

Eventuell immer wieder etwas Öl hinzugeben, da die Burger dieses reichlich aufsaugen...

Probiert es mal aus... Voll der leckere Snack!!!

Und es macht pappsatt...

Brotsuppe (ideal für eine schnelle Mahlzeit)

Das Rezept ist uralt und wahrscheinlich haben es eure Vorfahren auch schon in stromlosen Zeiten gegessen.

Ihr benötigt dafür:

2 Pfund altes Brot (für die Jüngeren unter euch, die diese Bezeichnung nicht kennen, das sind 1 kg)

Wenn ihr habt, dann könnt ihr etwas Suppengrün zur Seite legen. Ideal wäre etwa 1-2 Esslöffel voll und natürlich feingeschnitten, damit es auch in der Suppe gut verträglich gegessen werden kann. Falls ihr kein Suppengrün habt, was wahrscheinlich der Fall ist, könnt ihr auch einen Brühwürfel nehmen.

Wer möchte, kann aber auch den Brühwürfel und das Suppengrün verwenden.

Dann benötigt ihr 2 Esslöffel Fett, Margarine oder Butter oder auch Öl, je nachdem, was ihr gerade dahabt.

Dann kommt eine kleine Zwiebel sehr feingeschnitten (nach dem Schälen) dazu.

Und natürlich der Hauptbestandteil: Das gute Wasser! Hier empfehlen wir 1,5 Liter zu nehmen.

Zum Abschmecken braucht ihr wiederum gutes Salz und den obligatorischen Pfeffer aus der Mühle.

Das Brot wird zuerst mit dem großen Brotmesser (welches ihr haben solltet) geschnitten. Ältere Leute haben oft noch eine Brotschneidemaschine da, die ohne Strom mit einer Kurbel funktioniert. So etwas ist natürlich Gold wert! Die feingeschnittene Zwiebel und das Suppengrün (falls vorhanden) wird dann im Fett oder Öl gedünstet und dann das Brot darin geröstet.

Das wird dann mit vorher lauwarm angewärmtem Wasser aufgegossen, gesalzen und dann mit einem Deckel auf dem Topf zum Kochen gebracht.

Wer mag, kann dann kurz vor dem Ende noch 1-2 rohe Eier hinzugeben, die sich dann in der Suppe verteilen und den Geschmack etwas verändern.

Wem der Geschmack zu lasch ist, kann gerne nach eigenem Gusto noch nachwürzen.

Die Kochzeit beträgt 20 Minuten.

Wer jetzt noch alte / trockene Brötchen, Baguettes oder auch Zwieback hat, kann diese auch dafür nehmen.

So muss man nichts wegwerfen und hat auch noch eine leckere Suppe.

Es gibt auch noch die Variante, etwas mehr Wasser zu nehmen und das Ganze mit ein paar Esslöffeln voll Paniermehl anzureichern. Aber bitte dezent dazu geben und immer erst wieder verrühren, damit es nicht zu dick wird.

Leckere Käsesuppe (zum Verarbeiten von Käseresten)

Ja, liebe Leser! Wir schmeißen nichts weg, was noch gut verarbeitet werden kann.

Auch schrumpeliges Gemüse kann man in eine schmackhafte Suppe mit integrieren.

Meine Omma hatte ein Rezept für eine „helle Grundsuppe".

Die geht wie folgt:

Ihr benötigt 2 Esslöffel Fett / Öl oder Butter beispielsweise

4 leicht gehäufte Esslöffel Mehl

1,5 Liter Wasser

Und natürlich das obligatorische gute Salz

Diese Zutaten werden folgendermaßen gekocht: Zuerst das Fett in den Topf geben und es schmelzen lassen und dann das Mehl dazu geben und sozusagen unterrühren. Wenn es gut verrührt ist, gebt ihr nach und nach das Wasser dazu, damit es nicht spritzt. Jetzt wird alles zum Kochen gebracht.

Danach sollt ihr, wenn es möglich ist, den Käse reiben. Klappt das aber nicht, so schneidet ihn so klein wie möglich und gebt ihn in die sprudelnde Suppe hinzu, welche dann kurz danach vom Gasherd genommen wird.

Auch hier solltet ihr jetzt mit dem guten Salz und eventuellen Wunschgewürzen das Ganze noch abschmecken und dann zeitnah anrichten.

Kartoffel-Pfannkuchen (nach Omma Art)

Auch dieses Gericht kenne ich schon aus Kindheitstagen und da meine Großeltern väterlicherseits nur mit Gas gekocht haben, war es für mich als Enkel und auch für meine Cousins und Cousinen eine Freude dabei zuzusehen, wie die Großeltern dort Leckereien zauberten, die vorher noch nach nichts aussahen. Als Omma krank wurde, übernahm Oppa das Kochen. (Ich schreibe Omma und Oppa bewusst so, weil wir es auch so gesprochen haben).

Die Kartoffelpfannkuchen waren immer ein Highlight!

Ihr benötigt 1,5 kg rohe Kartoffeln (ihr könnt auch in etwa schätzen und müsst die geschälten Äärpels nicht auf die Goldwaage legen...

3 Esslöffel Kartoffelmehl (es geht notfalls auch mit normalem Mehl)

Dann braucht ihr noch gutes Salz und Fett bzw. Öl zum Anbraten.

Die einfache Variante ist wie folgt: Die Kartoffeln reiben und mit gutem Salz und Kartoffelmehl vermischen. Daraus dann „Küchelchen" formen und erst in die Pfanne geben, wenn das Fett heiß ist.

Variante 2 ist ohne viel Stärke: Dort werden die Kartoffeln in kaltes Wasser gerieben, auf ein Geschirrtuch gegeben und dann ausgedrückt. Erst danach kommt das gute Salz und die Kartoffelstärke/Kartoffelmehl dazu und danach werden die kleinen Pfannkuchen im heißen Fett gebraten.

Wer faul ist, tut es löffelweise in die Pfanne und streicht diese dünn aus und backt die „Pannekoken" auf beiden Seiten schön braun.

Gutes Gelingen!

Ein einfaches Brot Grundrezept

Liebe Leser, dieses Rezept benutze ich schon mehr als 15 Jahre und es ist ganz einfach auch ohne Strom herzustellen:

Zutaten:

1 kg Mehl

2 Päckchen Trockenhefe (oder falls ihr noch frische Hefe habt, geht die auch)

1 Esslöffel gutes Salz

3 Hände voll Sonnenblumenkerne (die sind gut für die Verdauung...)

0,5 Liter gutes Wasser

Die Zubereitung geht folgendermaßen:

Das Mehl, die Hefe, das gute Salz, das Wasser und die Sonnenblumenkerne gut miteinander vermengen und etwa 10 Minuten ordentlich durchkneten. (Das macht mit der Zeit richtig Spaß...) Jetzt
dürft ihr den Teig zu einem Brotlaib liebevoll formen und gut 60 Minuten an einem wärmeren Ort gehen lassen. Da empfiehlt es sich
(falls es Winter oder kühl draußen ist), den Teig schön abgedeckt
neben dem kuscheligen Ofen zu platzieren, falls ihr so etwas habt.

Danach den Brotteig noch einmal gut durchkneten.

Veganer bestreichen ihn jetzt nicht mit Eigelb, Vegetarier in der Regel schon...

Dann kommt er in den Gasofen oder die selbstgebauten Öfen. Beim
Teelichtofen bitte zwei Brote aus der Menge machen.

Das Brot bei 220 Grad 35 Min. lang zuerst backen und dann auf 180
Grad die Temperatur reduzieren und weitere 30 -40 Min. weiterba-
cken.

Mit einem Schaschlik-Spieß könnt ihr testen, ob das Brot durch ist

(dann bleibt kein Teig mehr dran hängen...)

Falls ihr keine Temperaturanzeigen habt, empfiehlt es sich zwischendurch zu testen, ob das Brot durch ist.

Falls ihr so etwas regelmäßig machen möchtet, empfehle ich euch, dass ihr euch ein digitales Thermometer zulegt, denn dieses ist recht sinnvoll auf vielfache Weise, wie ihr es ja teilweise schon in diesem Buch bemerkt habt.

Ich wünsche euch viel Erfolg dabei und gutes Gelingen!

Und natürlich: Viel Spaß dabei, damit auch das innere Kind seine Freude hat!

Selbstgemachte Maultaschen

Ja, ich möchte euch auch ein besonderes Schmankerl Rezept präsentieren, das ich auch jetzt bebildert zeige, da es so wesentlich einfacher zu erklären ist.

Zunächst macht ihr einen normalen Nudelteig.

500g Mehl, 300g lauwarmes gutes Wasser, ½ Teelöffel voll gutes Salz und 1 Tüte Backpulver. Es geht auch ohne Backpulver, aber ich finde es besser, wenn es dabei ist, dann ist der Nudelteig angenehmer zum Verarbeiten.

So sieht der Nudelteig ausgerollt aus. Jetzt holt ihr euch etwas zum Ausstechen der runden Teile. Ich nehme meistens ein Trinkglas dazu. Klappt hervorragend.

Ich habe hier in diesem Fall noch ein größeres Glas mit Pesto Soße da gehabt, dass sich idealerweise dafür eignete, als Füllung für die Maultaschen zu dienen.

Natürlich könnt ihr hier euren kreativen Ideen und Wünschen freien Lauf lassen. Wir haben schon öfter Champignons aus der Dose (Tipp: 1.Wahl nehmen) dafür genommen und sie in der Pfanne mit etwas Palmin (oder Öl) abgebraten und sie dann heiß, wie sie sind, als Füllung in die Maultaschen gegeben (sie wurden vorher gesalzen und mit etwas Pfeffer gewürzt). Eine weitere gute Füllmöglichkeit ist Spinat gut gewürzt.

So, wie ihr seht, muss man dafür kein gelernter Koch oder Bäcker sein, um das hinzubekommen.

Auf dem nächsten Bild seht ihr meine Technik, wie ich die Maultaschen zusammenbekommen habe.

Zuerst hab ich sie sauber zusammengeklappt und dann mit einer Gabel an der Seite so zugedrückt, dass von innen nichts rauskommt und auch kein kochendes Wasser hineinkommt.

Das ist eine etwas frickelige Arbeit und sollte penibel gemacht werden, wenn ihr wollt, dass die Maultaschen am Ende komplett sind.

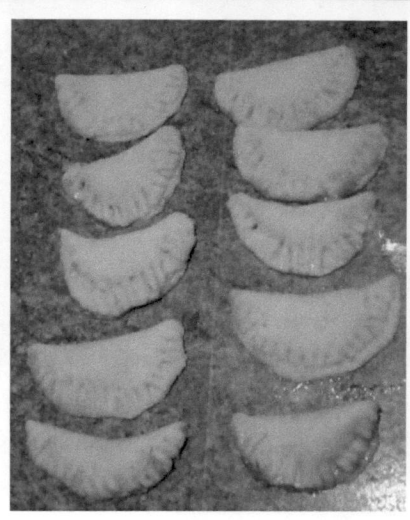

Jetzt werden die Maultaschen in kochendes Wasser vorsichtig nach-
einander gelegt.

Das Wasser hat etwas gutes Salz bekommen (1 Teelöffel voll)

Und wer mag, kann auch etwas Gemüsebrühe mit ins Wasser für
den Geschmack tun.

So sieht das aus, wenn die Maultaschen fertig sind im Wasser.

Sie schwimmen dann oben.

Wenn ihr jetzt fragt, zu was ihr denn diese schwäbischen Köstlichkeiten essen könnt, so empfehlen wir:

Reis

Nudeln

Quinoa

Buchweizen

Eine Gemüsesuppe

Meine Universalsoße

Jetzt gibt es eine Universal Soße für alles, wofür man Soßen braucht:

Ja, auf die Idee, eine Universalsoße zu kreieren, bin ich schon vor einigen Jahren gekommen, da unser Sohnemann ein Soßenfan erster Güte ist und immer alles viel schärfer als wir isst. So gab es dann meine Universalsoße und ich stellte ihm Chili und andere scharfe Gewürze dazu. So kann man auch die Fans scharfer Soße zufriedenstellen, dachte ich mir.

Hier das Rezept:

1 Dose Tomaten püriert (850g)

Dazu etwa eine halbe Dose gutes Wasser (ca. 400g), so könnt ihr auch gleich die Dose mit ausspülen)

1 Dose Kokosmilch (400g)

1 Teelöffel gutes Salz

Ordentlich Pfeffer aus der Mühle (ca. 1 Esslöffel voll)

1 Teelöffel Oregano

1 Teelöffel Majoran

1 Teelöffel Kräuter der Provence

2 Esslöffel voll Röstzwiebeln

½ Teelöffel Knoblauch

Das Geheimnis ist, dass diese Soße eine längere Zeit zum Kochen braucht.

Sobald sie etwa 3 Minuten volle Pulle gekocht hat, stellt sie bitte auf die kleinste Stufe vom Gasherd und lasst sie mindestens 15 Minuten köcheln.

Wenn es euch zu fest wird, gebt etwas Wasser zu und schmeckt es ab.

Uns schmeckt diese Universal Soße perfekt zu Nudeln, Reis, Kartoffeln, Quinoa, Buchweizen etc.

Die wunderbare Tajine und ein einfaches Rezept dazu

Ich hatte in Deutschland mal eine Tajine von meiner Schwägerin geschenkt bekommen, die nichts damit anfangen konnte. Leider hatte ich sie beim Umzug nach Spanien vergessen und war hocherfreut, als ich hier in der Nähe in einem marokkanischen Geschäft eine neue Tajine für kleines Geld kaufen konnte. Die Frau im Laden konnte etwas englisch und war überrascht, dass ich wusste, wie man mit einer Tajine kocht.

Ein Rezept dafür geht wie folgt:

Gebt das Gemüse kleingeschnitten in die Tajine mit etwas Öl und setzt dann den Deckel drauf. Bei mittlerer Hitze auf dem Gasofen könnt ihr kochen. In der Regel dauert es so ca. 30 Minuten, bis alles gar ist. Die Einkerbung im Rand wird mit Wasser gefüllt, welches dann verdunsten kann, damit das gute Ding nicht springt oder zerreißt.

Rezeptvorschlag: 200 g Möhren, 1/2 Selleriestange, 2 Süßkartoffeln (geschält und in dünne Streifen geschnitten)

Etwas gutes Salz

Gewürze eurer Art

Gutes Gelingen!

Einfaches Brot im Dutch Oven

Wie ich versprochen hatte, kommt jetzt ein einfaches Dutch Oven Rezept.

Für den Brotteig benötigt ihr folgende Zutaten:

750 g Weizenmehl

1 Würfel Hefe oder 2 Tüten Hefe

500 ml gutes lauwarmes Wasser

5 Esslöffel Zucker (für die Hefe zum auflösen)

3 gut gehäufte Teelöffel gutes Salz

2 Esslöffel Sonnenblumenöl

5 Esslöffel voll Röstzwiebeln

1 Teelöffel Rosmarin Gewürz

1 Teelöffel Thymian

1 Teelöffel Knoblauchgewürz

Zubereitung für das Dutch Oven Brot:

Ihr gebt alle Zutaten für den Teig in eine Schüssel nach und nach. Da es ohne Strom gemacht wird, muss der Löffel aus Metall oder Holz sein und ihr solltet schon etwas intensiver damit arbeiten, wenn ihr es durchmixt. Kneten mit der Hand geht natürlich auch. Sollte der Teig etwas klebrig sein, müsst ihr vorsichtig löffelweise Mehl dazugeben, bis es passt. Durch die Hefe muss der Teig an einem wärmeren Ort etwa 45 – 60 Min. aufgehen.

In der Zeit könnt ihr jetzt im Grill oder dem Grillanzünder Briketts zum Glühen bringen. Den Teig gebt ihr aber erst in den Dutch Oven, wenn ihr ihn vorher mit Backpapier ausgekleidet habt. Entweder ihr gebt ihn auf einmal vorsichtig hinein oder ihr formt 2 oder 3 Kugeln, um sie dann nebeneinander zu drapieren. Dann den Deckel drauf. Die Briketts für den Dutch Oven zum Glühen bringen. Den Teig in kleine Kugeln formen und mit dem übrigen Öl bestreichen. Im Dutch Oven nebeneinanderlegen. Wenn ihr die Briketts im Grill gemacht habt, so lasst etwa 1/3 der glühenden Briketts im Grill und gebt vorsichtig etwa 2/3 der Kohlen auf den Deckel des Dutch Ovens, der dann in der Glut des Grills steht. Es dauert etwa 30 Minuten, bis das Brot fertig ist. Beim ersten Mal ist es eine Herausforderung, aber mit der Zeit bekommt man ein Gefühl dafür.

Ein einfacher Solar Kocher zum Kochen oder Erhitzen

Dieser Solarkocher wird sofort heiß und man kann sich schnell die Finger verbrennen, also bitte aufpassen. Er wird als Bausatz für Interessierte angeboten und ist in wenigen Minuten zusammengebaut.

Ich habe mir dann noch einen größeren Solarkocher gebaut, indem ich eine ausgediente Satellitenschüssel gesäubert habe und dann mit Silberfolie beklebt habe. Entsprechend ausgerichtet und einen Topf voll Wasser zum Testen davorstellen und ihr könnt mit der Sonne kochen!

Wie ihr Licht ohne Strom bekommt

Zunächst einmal möchte ich vorab sagen, dass ich mehr durch Zufall, als durch Absicht dazu kam. Mein Sohn und ich schlenderten durch einen riesig großen Chinaladen und schauten einfach so, was wir denn gebrauchen könnten. In der vierten Reihe wurde meine Aufmerksamkeit auf eine Pizzapfanne gelenkt, die wir dann auch gekauft haben. Im Regal gegenüber war etwas, dass ich so nicht kannte. Hier zeige ich euch, was ich meine:

Diese Solarplatte hatte im Paket-Set gleich eine Lampe dabei!

Ideal für abends oder nachts!

Im Laufe der Zeit haben wir insgesamt 3 Stück jetzt nachts draußen leuchten.

Als Ende April 2025 der große Stromausfall in Spanien war, haben wir dieses gute Stück, was ihr auf dem Foto seht, ins Haus hinein geholt und hatten dadurch im Wohnzimmer und Esszimmer Licht.

Vorne in unserer Campingküche haben wir auch auf diese Weise Licht, da das Solarpanel im Fenster steht und neben der Tür mit einem Magnet eine Stablampe hängt, die auf Knopfdruck abends Solarlicht abgibt und leuchtet. Praktisch, gell?

Weitere gute Möglichkeiten, um an Licht oder Strom bei Stromausfall zu gelangen

Zunächst einmal wäre da das Handy (Smartphone), welches man als Taschenlampe benutzen kann. Früher musste man dafür eine App herunterladen, heutzutage ist das eine Standardfunktion.

Ihr solltet euch auch möglichst 1 oder 2 Powerbanks zulegen, die ihr am besten regelmäßig benutzt oder spätestens alle 3 Monate ladet.

Meine Powerbank hat z.B. 10.000 mAh. Damit kann man ein Handy circa 3-mal aufladen, bevor man sie wieder aufladen muss.

Dann gibt es Radios mit Kurbel, bei denen man auch theoretisch Handys aufladen kann, aber es dauert recht lange.

Die nächste Möglichkeit hatten wir früher im Auto: Eine kleine Solarplatte, die man an die 12V-Buchse vom Auto anschließt, welche die Autobatterie auflädt und auch einen USB-Anschluss hatte, um ein Handy zu laden.

Die nächste Möglichkeit haben einige von euch bestimmt auch schon gesehen oder habt ihr selber: Einen Stecker, der in die 12V-Buchse des Autos kommt und ein oder mehrere USB-Anschlüsse hat, um während der Fahrt Handys aufladen zu können.

Jetzt kommen wir zu der, meiner Meinung nach, ultrabequemen Variante, auf einfache Art und Weise, Strom selber zu generieren.

Es gibt auf diesem Gebiet mehrere Anbieter, wobei wir uns für den Ecoflow entschieden haben.

Dies ist jetzt keine Werbung für dieses Gerät und wir bekommen auch nichts dafür, sondern sind einfach nur begeistert davon.

Der Ecoflow ist jetzt schon seit mehreren Jahren im Dauerbetrieb bei uns im Einsatz und arbeitet einwandfrei.

Als der große Stromausfall in Spanien Ende April 2025 war, haben wir dank des Ecoflows und unserer Solarlichter so gut wie keine Einbußen gehabt.

Wenn ihr also auf der sicheren Seite sein möchtet, dann sorgt entsprechend vor, denn Stromausfälle, von einem Tag oder mehr, können auch in Deutschland, Österreich oder der Schweiz geschehen.

Und wer dann keine Vorräte hat und nicht weiß, wie er sich helfen kann, könnte in Schwierigkeiten geraten.

Meine Bauanleitungen, am Anfang des Buches, können auf einfache Art und Weise, Einstiegsmöglichkeiten in diese Thematik sein.

Liste nützlicher Dinge zum Kochen, Backen, Grillen ohne Strom

- Kaffee (ideal auch in Bohnen, entweder zum Tauschen oder zum selber benutzen)

- Tee in Beuteln

- Kakaopulver und Malz- und Getreidekaffee

- Spirituosen (Schnaps, Wein, Bier, Sekt, Likör, Whisky...)

- Schokolade und Süßigkeiten (z.B. Kekse, Nuss Nougat Creme, Marmelade, Sirup, Honig...)

- Zucker (auch wenn er festgeworden ist, lässt sich wieder lösen)

- Salz (da solltet ihr euch einen größeren Vorrat auch für den Eigenbedarf anlegen). Ideal ist Steinsalz. Bitte möglichst kein billiges Salz aus dem Discounter nehmen.

- Klopapier, Küchenrollen, Papiertaschentücher, Tampons und Binden als Anzündematerial

- Dosenbrot (hält sich ziemlich lange... Wir haben letztens eine Dose geöffnet, die war 15 Jahre über dem Auflaufdatum und noch gut essbar!)

- Konserven aller Art (z.B. Ravioli, Bohnensuppe, Linsensuppe, Tomaten für Nudeln als Soße etc.)

- Glaskonserven aller Art (in einigen Ländern gibt es diese Konserven nur in Gläsern)

- Allgemein alles Mögliche in Dosen und Gläsern, da sich diese, wenn sie dunkel und kühl gelagert sind, viele Jahre halten

- Nudeln und Reis, Kartoffelpüree, Gläser mit Nahrungsmitteln, Tütensuppen, Fertigprodukte, vegane Brotaufstriche in Gläsern und Dosen

- Knäckebrot

- Senf, Ketchup und Mayonnaise (ideal auch zum Tauschen, genauso wie Gewürze aller Art, die auch gefriergetrocknet sein können)

- Gemüsebrühe

- Kartoffeln und Zwiebeln bzw. anderes Obst und Gemüse je nach Jahreszeit

- Sauerkraut gibt es auch in Gläsern und in Kunststoffverpackungen. Die haben wir u.a. auch zum Testen genommen. Halten sich auch mehrere Jahre

- Eingewecktes

- eventuell H-Milch (nicht gesund, aber im Notfall...)

- Trockenpulver (z.B. Milchpulver)

- Haferflocken (sind sehr günstig, ist ideal für schlechte Zeiten)

- Spirulina Algen (immer am besten in mehreren tausend Tabs bevorraten)

- Getränke in Tetrapacks (ideal Soja-, Hafer-, Reismilch, Apfelsaft...)

- Wasser in Flaschen (ideal in der 12er Kiste mit Medium Kohlensäure), hält ewig...

- Getränke in Dosen (ideal für Stromausfall Tage)

- Kerzen und Teelichter in großer Menge

- Gaskocher mit Kartuschen oder Gasflaschen

- Holz und Kohle (Brikettes) für den Ofen zzgl. Kohleanzünder sowie Feuerzeuge, 10er Packs Streichhölzer und wenn möglich ein Sturmfeuerzeug

- Werkzeug (z.B. Hammer, Nägel, Schrauben, Schraubendreher etc. zum Bauen verschiedener Kochmöglichkeiten)

- Essig

- Öle

- Nüsse in allen Variationen

- Margarine oder z.B. Erdnussbutter

- Körner und Mehlsorten (am besten ungemahlen, da bei gemahlenem Mehl hin und wieder Krabbeltiere drin sind. Deshalb vor dem Benutzen erst einmal durchsieben)

- Taschenmesser, Leatherman und andere Survivaldinge wie Kordeln, Seile, Alu Essbesteck mit Teller, Töpfen, Pfannen, Camping Einweggeschirr und Besteck, Fahrtenmesser, Beil, Säge, Zelt, Karabinerhaken, Taschenlampen - ideal zum Kurbeln, Kurbelradio, Überlebensliteratur, Ersatz-batterien in größerer Zahl, Akkus wenn ihr ein Solar-Ladegerät habt, eine Solarzelle, die z.B. Autobatterien aufladen kann - so könnt ihr auch für die Nachbarn deren Batterien aufladen - im Tausch gegen etwas anderes.

- Jede Menge Wasser und auch Wasseraufbereitungsmittel

- Wenn möglich auch im Garten oder Balkon Regentonnen aufstellen, um Wasser zu sammeln

- Lupe (zum Feuer machen im Notfall)

Ein Gaskocher oder einen Campinggrill empfehle ich ebenso.

Wie ihr an den vielen Bildern gesehen habt, gibt es viele einfache Möglichkeiten, mit ein paar Ziegelsteinen sich einen Ofen zu bauen – ohne zu mauern und ohne Vorkenntnisse.

Wer vorbereitet ist, ist jedem anderen überlegen, der nichts hat.

Denkt bitte daran, dass ihr große Vorratsmengen möglichst etwas weiter weg, als in euren normalen Supermärkten kauft, wo ihr sonst einkaufen geht, damit eure Nachbarn nicht unbedingt sehen, was und wie viel ihr als Vorräte einkauft.

Wir sind in Deutschland z.B. immer mit unserem Dacia Kombi rückwärts bis fast vor unsere Eingangstür gefahren, sodass man noch geradeso die Heckklappe öffnen konnte.

Auf diese Art und Weise konnten wir das Auto ausladen, ohne dass die Nachbarn etwas mitbekommen haben.

Berichtet auch in eurem Freundes-, Verwandten- und Bekanntenkreis nichts davon, dass ihr viele Vorräte eingelagert habt, sonst sind das die ersten, die bei euch vor der Tür stehen, wenn sie nichts mehr haben.

Wir haben z.B. neben der Eingangstür ein Schränkchen stehen gehabt, in dem wir Dinge zum Tauschen oder Verschenken gelagert hatten, falls der Notfall eintritt.

Unsere privaten Vorräte hatten wir gut versteckt.

Auf der nächsten Seite seht ihr bei Interesse 5 weitere Bücher zum Thema „Überleben" bzw. „Survival".

Gehabt euch wohl und Gottes Segen wünscht euch Johannes.

Johannes Allgäuer hat 5 weitere Bücher geschrieben, die sich mit dem Thema „Überleben" bzw. „Survival" beschäftigen:

- Das Krisen - Überlebens - Buch für Veganer
  - mit großem Rezeptteil

- Klimaveränderung
  - Survival Roman

- Das spirituelle Survival Buch für den Alltag

- Survival ist alles!

- Wenn aus Urlaub pures Überleben wird
  - Überleben im Chaos - wenn die Börse crasht